JN221398

税理士のための
取引相場のない株式の評価と対策

税理士・不動産鑑定士　**吉村一成**【著】

清文社

ま　え　が　き

　中小企業の事業承継問題が我が国の喫緊の課題となる中で、平成30年度の税制改正によって、いわゆる特例事業承継税制が施行されました。これまでの非上場株式等の納税猶予制度の要件を大幅に緩和し、使い勝手がよくなったもので、今後の普及が見込まれます。

　このため、今後の事業承継においては、株価対策が不必要となり、遺産分割対策に重きが置かれることになるといわれることもあります。しかしながら、遺産分割の重要性はいうに及ばずなのですが、筆者は、次の観点からは、株式評価と株価対策の必要性はむしろ高まったのではないかと考えています。

　1点目は遺留分対策です。事業承継税制は、取引相場のない株式（非上場株式等）の生前贈与の普及を念頭に置いたものですが、このような株式の生前贈与は、特別受益として、遺留分侵害額請求権（改正民法）行使の基礎財産に含まれることになると思われます。そうすると、現行の遺留分制度は、早期に事業承継を行うに際して障害となりかねないものですから、本書で解説するいわゆる民法特例の制度が重要となってくるのではないかと考えます。これまでは、従来の事業承継税制があまり利用されなかったために、民法特例の利用も限られたものでした。しかし、今後、非上場株式等の納税猶予の普及とともに、民法特例の除外合意、固定合意が行われるケースも増えてくるのではないでしょうか。このときには、生前贈与を行う株式にどれほどの価値があるのか、すなわち、株式の適正な評価額が問題となってきます。取引相場のない株式の贈与を受ける後継者は、株式の評価額について的確な説明を求められる場面が増えてくるでしょう。

　このときに留意しなければならないのは、取引相場のない株式を評価するに当たり、必ずしも税務上の評価方法が採用されるわけではないということです。

　そもそも、取引相場のない株式は、税務の場面だけではなく、会社法上の制度等の様々な場面でも評価されることがありますが、このときには、税務上とは別の評価方法が採られることが多く、民法特例の評価ガイドラインも、これを前提に解説がなされています。したがって、今後、事業承継に関わる税理士も、これを知らない訳にはいかないのではないでしょうか。

　次に、我が国の相続税法が、遺産税方式を加味したいわゆる法定相続分課税方式を採っていることが挙げられます。このため後継者が株式の贈与を受け、事業承継税制の適用に

よって猶予を受けたとしても、その株式の評価額は、先代経営者の相続財産に加算されるのです。すなわち、非後継者である相続人の相続税額に跳ね返るのです。これまでであれば、換価することのできない自社株式を取得した後継者が、納税資金対策に追われることも多かったのですが、今後は納付しないでもよくなるとすると、その株式の評価額によって納税額が増える非後継者に対して、①株価が適正であることと、②株価対策を十分に行ったことを説明しなければ、納得が得られないということもあるのではないでしょうか。加えて、近年の事業承継税制の要件緩和によって、他人である親族外後継者にも制度適用できるのですから、なおさらではないでしょうか。このような観点から、株価対策の重要性は些かも減じていないと考えます。

　本書は、上に述べたような観点から、民法特例の評価ガイドラインに基づいた取引相場のない株式の評価方法と、相続税財産評価における株式評価方法を柱に解説を試みたものです。このため、一面では、民法特例の評価ガイドラインの解説書であり、他面では、相続税財産評価における株価対策のヒントを盛り込んだ株式評価の解説書となっています。

　また、第8章では、特例事業承継税制の概略にも触れ、参考資料として中小企業庁の直近の案内等を添付していますのでご参考になさってください。

　なお、本書においては、「取引相場のない株式」と「非上場株式等」は同義で使用しています。

　最後に、本書刊行の機会を与えていただき、企画段階から本書発刊に至るまで多大なご尽力をいただいた株式会社清文社編集部の皆様方と、会社法上の評価等、公認会計士の立場からチェックしていただいた間宮英明公認会計士、多忙の中校正作業をお手伝いいただいた菊池幸夫税理士に深く感謝する次第です。

平成30年9月

税理士・不動産鑑定士　吉 村 一 成

第4章　税務上の時価

第5章　相続税評価の概要と株価対策のヒント

第6章　税務上の評価に係る判決・裁決の例

第7章　会社法等による裁判例

第8章　特例事業承継税制における株式評価

中小企業庁参考資料

凡　例

所法………所得税法		相基通……………相続税法基本通達	
所令………所得税法施行令		措法………………租税特別措置法	
所基通……所得税基本通達		評基通……………財産評価基本通達	
法法………法人税法		経営承継法………中小企業における経営の承継の	
法令………法人税法施行令		円滑化に関する法律	
法基通……法人税基本通達		経営承継法省令…中小企業における経営の承継の	
相法………相続税法		円滑化に関する法律施行規則	

（本書の内容は、平成30年９月１日現在の法令によっています。）

（注）本書では、原則として法令に基づき和暦で表記しています。2019年（平成31年）
　　　５月以後改元されますのでご注意ください。

第1章
中小企業の事業承継と株式移転

　事業承継の形態が多様化し、近年は親族外承継やM＆Aが増加傾向となっている中、中小企業基本法で掲げられた「事業承継の円滑化」を促進し、中小企業の持続的発展を図ることが喫緊の課題となっています。

　こうした状況を踏まえ、中小企業の事業承継を円滑化する措置を講じ、中小企業者の持続可能な発展を図るために「中小企業における経営の承継の円滑化に関する法律（以下、「経営承継法」といいます。）が定められました。

　第1章においては、このような最近の中小企業の事業承継を取り巻く環境について鳥瞰します。事業承継には様々な側面があることがお分かりいただけると思いますが、株式の移転とその評価の重要性を再認識しておく必要があります。

Ⅰ　経営承継法の制定

　平成20年10月に施行された経営承継法は、「多様な事業の分野において特色ある事業活動を行い、多様な就業の機会を提供すること等により我が国の経済の基盤を形成している中小企業について、代表者の死亡等に起因する経営の承継がその事業活動の継続に影響を及ぼすことにかんがみ、・・・中小企業における経営の承継の円滑化を図り、もって中小企業の事業活動の継続に資すること」を目的として制定された法律です。

1.　経営承継法制定の背景

　経営承継法が施行された背景は、中小企業経営者の年齢分布のピークが60歳半ばとなり、高齢化が急速に進行する中で、日本経済の基盤である中小企業の円滑な世代交代を通じた生産性向上が喫緊の課題となっているからです。

◆ 中小企業の経営者年齢の分布（年代別）

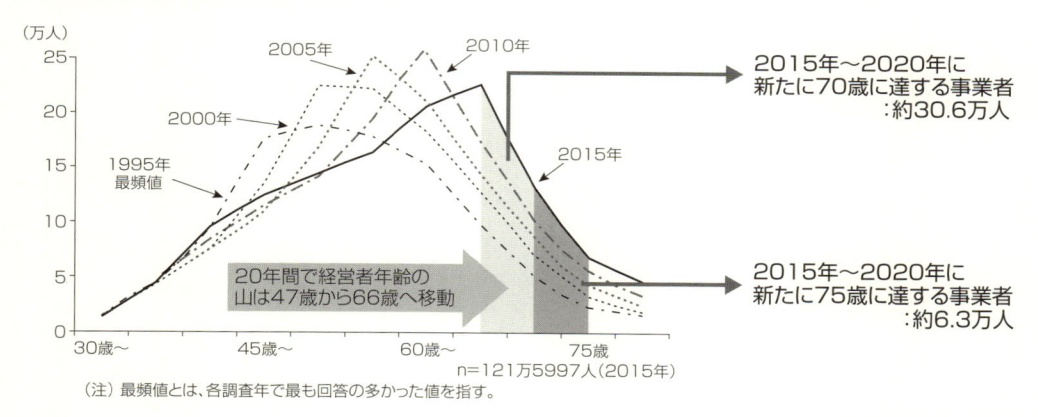

（注）最頻値とは、各調査年で最も回答の多かった値を指す。

（出典：中小企業庁資料）

　中小企業は、我が国の企業数の約99%、従業員数の約70%を占め、地域経済・社会を支える基盤です。しかし一方で、経営者の高齢化が進み、その平均年齢は59歳9か月と過去最高水準に達しています。現在の平均引退年齢の傾向を見ると、今後多くの中小企業が事業承継のタイミングを迎えると予想されています。

　今後10年の間に、70歳（平均引退年齢）を超える中小企業・小規模事業者の経営者は約245万人となり、うち約半数の127万人（日本企業全体の1/3）が後継者未定であるとのデータもあります。就中2020年頃には、団塊の世代の大量引退期が到来すると見込まれています。

　また、「平成30年度　経済産業関係　税制改正について（平成29年12月経済産業省）」の試算によりますと、現状をこのまま放置すれば、中小企業廃業の急増によって、2025年頃までの10年間の累計で約650万人の雇用、約22兆円のＧＤＰが失われる可能性があると指摘されています。

２．経営者高齢化の背景にある後継者不足

　日本政策金融公庫総合研究所が全国約4,000の中小企業の経営者に対して行ったインターネット調査では、60歳以上の経営者の約50％が「廃業を予定している」と回答しています。廃業する理由について最も多かった回答は「当初から自分の代でやめようと思っていた」（38.2％）というものですが、「子どもに継ぐ意思がない」（12.8％）、「子どもがいない」（9.2％）、「適当な後継者が見つからない」（6.6％）と、後継者が確保できないことを挙げる回答が３割近くに上っています。

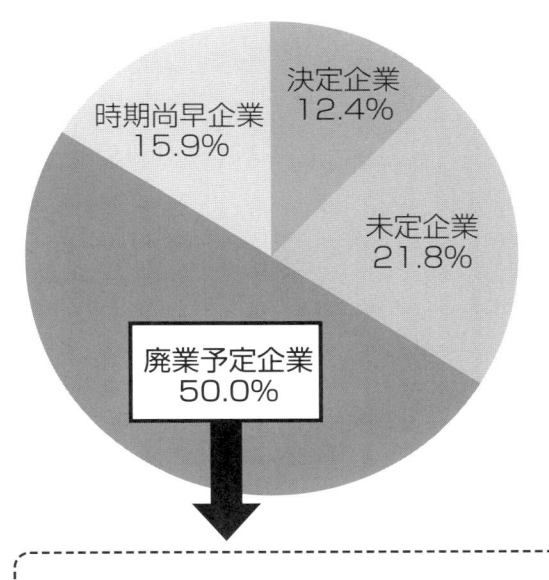

（出典：中小企業庁資料）

Ⅱ 国の支援施策

1. 支援の必要性

いうまでもなく、中小企業・小規模事業者は、雇用の創出や新しい技術の開発など、地域経済のけん引役として、我が国の経済・社会において重要な役割を果たしています。

サプライチェーンを含めた取引先とのつながり、経営に関する様々なノウハウ、従業員などの経営資源を守りながら、中小企業・小規模事業者が社会基盤の担い手として活躍し続けていくためには、将来を見据えた計画的な事業運営が欠かせません。このため、次世代へスムーズに「事業承継」を進めることが今まさに求められているのです。

2. 近年の支援の概略

このような状況を受け、毎年のように国の支援策が講じられてきています。中小企業庁は、平成28年12月、中小企業・小規模事業者等の円滑な事業承継を実現するための指針である「事業承継ガイドライン」を10年ぶりに改訂しました。

同ガイドラインには、事業承継に向けた準備を早期に始めていくことの重要性や、事業承継をめぐる様々な課題への対策、経営承継法をはじめとする支援制度、事業承継をサポートする体制の紹介など、円滑な事業承継を実現する上で必要な情報が盛り込まれています。

さらに、平成29年6月9日に閣議決定された「未来投資戦略2017」において、今後5年程度を事業承継の集中実施期間とし、従来の事業承継支援に加えて、早期・計画的な事業承継準備（プレ支援）、事業承継を契機とした後継者等による経営革新等への支援（ポスト支援）に取り組むこと、新たに分かりやすい事業承継診断手法を導入し、年間5万件の診断を行うなど施策を抜本強化し、事業引継ぎセンターの支援を通じたM＆A等の成約件数の年間2,000件を目指す（直近の約5倍）こと等の支援策を打ち出しています。

これらの一環として、事業承継税制（非上場株式等の納税猶予の特例）においても、事業承継に有利な改正が順次行われてきましたが、実効性が得られない中、平成30年度税制改正において、大きな改正が盛り込まれるに至りました。

なお、平成30年度の税制改正において拡充された「特例納税猶予制度」については、第8章で概略を解説します。

Ⅲ　事業承継の構成要素と類型

1．事業承継の構成要素

　事業承継は単に「株式の承継」＋「代表者の交代」と考えられることが多く、例えば、親族内承継における株価引下げ対策、M＆A等であれば株式の評価を高め売却益を確保するといった手法の議論に終始してしまう傾向があります。

　しかし、事業承継とは文字通り「事業」そのものを「承継」する取組であり、事業承継後に後継者が安定した経営を行うためには、現経営者が培ってきたあらゆる経営資源を承継する必要があります。後継者に承継すべき経営資源は多岐にわたりますが、「人（経営）」、「資産」、「知的資産」の3要素に大別することができます。

　ただし、「株式の承継」が重要な構成要素であることに変わりはなく、本書においては、「株式の移転と評価」に焦点を当てて解説していきます。

2．事業承継の3類型

　事業承継の形態は、①親族内承継、②親族外（役員・従業員）への承継、③社外への引継ぎ（M＆A等）の3つの類型に分けることができます。

　中小企業の事業承継は、従来から①の親族への承継が中心となるものでしたが、近年においてはその様相が変化してきています。②の親族外への承継が全体の3分の1を占めるようになったといわれ、その多くの場合は役員や従業員といった社内人材が後継者になるようになってきています。

　また、後継者はいないが事業を継続したい企業にとっては、③の事業の譲渡・売却統合（M＆A）が重要な選択肢になってきています。従業員の雇用維持のほか、会社の発展を希望する経営者も多いからです。

　今後、国の支援もあって、事業承継による株式移転が進められていくと推測されますが、これら3類型に対応した株式の移転方法を有償、無償の観点から区分すると次の表のようになります。

事業承継の類型	対価の有無
親族内承継	無償譲渡（贈与）が中心
役員・従業員承継	有償又は無償
社外への引継ぎ（M＆A等）	原則有償譲渡

　上記の移転については、いずれの場合においても、税務上の取扱いを含めて、評価額又は売却価額が重要な焦点になります。

一口メモ

●経営者の年齢と経営の特徴

　中小企業庁の発表した図1及び図2のデータを見ると、経営者の年齢が上がるほど、投資意欲が低下し、リスク回避性向が強まっていることが分かります。

　また、実際に事業承継した企業の方が、利益率を向上させていることも分かります。

　つまり、事業承継により若返りを図ることによって、投資意欲、利益を増大させることができ、承継会社の株価を上昇させ、ひいては我が国経済の活性化に繋がるということになりそうです。

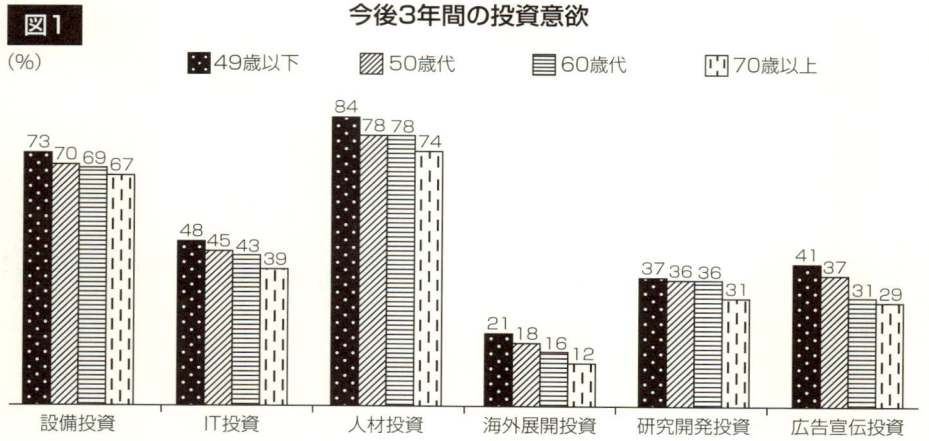

図1　今後3年間の投資意欲

（出典：中小企業庁委託「中小企業の成長と投資行動に関するアンケート調査」2015年12月、（株）帝国バンクデータ）

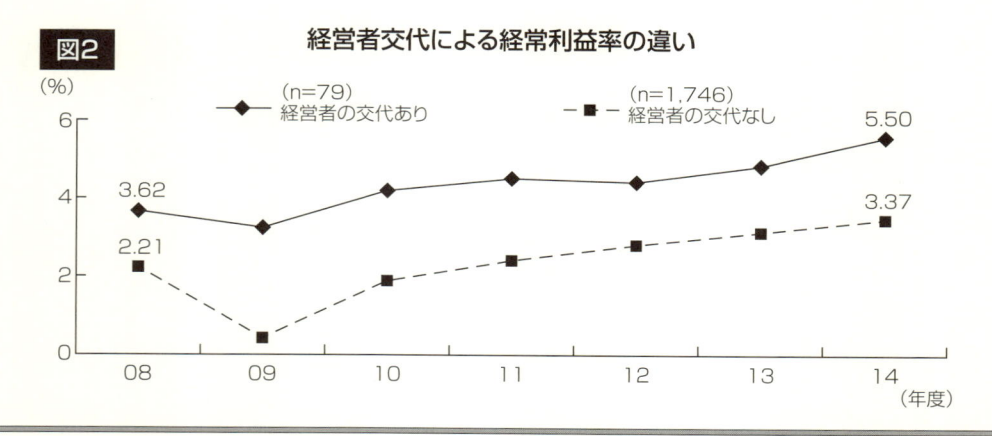

図2　経営者交代による経常利益率の違い

6

第2章
遺留分に関する民法特例と取引相場のない株式評価の必要性

　平成30年から施行される特例事業承継税制が注目を浴びており、今後普及していくことが考えられます。このため、非上場株式等の納税猶予制度を利用した生前贈与について、改めて問題点等を理解しておく必要があります。

　事業承継税制は、そもそも経営承継法の柱の1つですが、事業承継税制が注目されるに伴って、同法の柱の1つである民法特例についても整理しておく必要があります。

　本章においては、この民法特例と取引相場のない株式評価について解説していきます。

　なお、本章の最終ページ（23ページ）に「非上場株式の評価における証明書例」を掲げていますが、これをご覧いただくと、証明書を発行しているのは税理士なのですが、評価の方法は「○○方式と○○方式の併用」と記載されており、税務上の評価とは異なっていることに注意して読み進めてみてください。

Ⅰ　経営承継法（民法特例）制定の背景

　オーソドックスな事業承継による株式の移転は生前贈与（無償譲渡）によるものです。このとき税務上は、相続時精算課税制度や非上場株式等の納税猶予の制度を適用するにしても、相続税の申告時点においては贈与した時点での株式の評価額が相続財産として持ち戻されます。一方、民法上は、取引相場のない株式の生前贈与は、特別受益として遺留分算定の基礎財産に加えられるのが通例です（遺留分については、後掲12ページの**アドバイス**、13ページの**一口メモ**をご参照ください。）。

　ここで注意しなければならないのは、税務上の取扱いにおいては、生前贈与された時点での株式の評価額が持ち戻されて相続税の課税対象になるのですが、民法上はそのような取扱いになっていないことです。民法上、遺留分算定の基礎財産となる株式は、相続開始時点での評価額になるということです。

　平成30年度の税制改正によって、事業承継税制の使い勝手がよくなったと注目を浴びていますが、このような中で、経営に必要な株式の贈与がなされ、税法上も有利な選択ができた後、後継者が期待に応えて事業を盛り立て、承継した会社を大きく発展させることがあります。むしろこのようなことが多いことが想定されます（前掲6ページの**一口メモ**参照）。そうすると、その会社の株価は上昇し、他の相続人の遺留分を増大させ、かえって会社の経営危機を招く可能性があるのです。

　そこで、これまではあまり利用されてこなかった民法特例も再びクローズアップされることになります。経営承継法は、後継者が贈与により取得した自社株式について、「遺留分を算定する際の価額を合意の時における価額に固定する」ことを内容とする合意（以下「固定合意」といいます。経営承継法第4条第1項第2号）を行うことができ、経済産業大臣の確認と家庭裁判所の許可といった諸手続を経ることで当該合意の効果が生じることとしました（同法第7条から第9条）。次の図で示したように、②の「固定合意」（又は①の「除外合意」）を活用することで、後継者は、将来の企業価値の上昇に伴う遺留分額の増大を心配することなく経営に専念することができるように措置されました。

①　除外合意

　後継者が現経営者から贈与等によって取得した自社株式について、他の相続人は遺留分の主張ができなくなるので、相続に伴って自社株式が分散するのを防止できます。

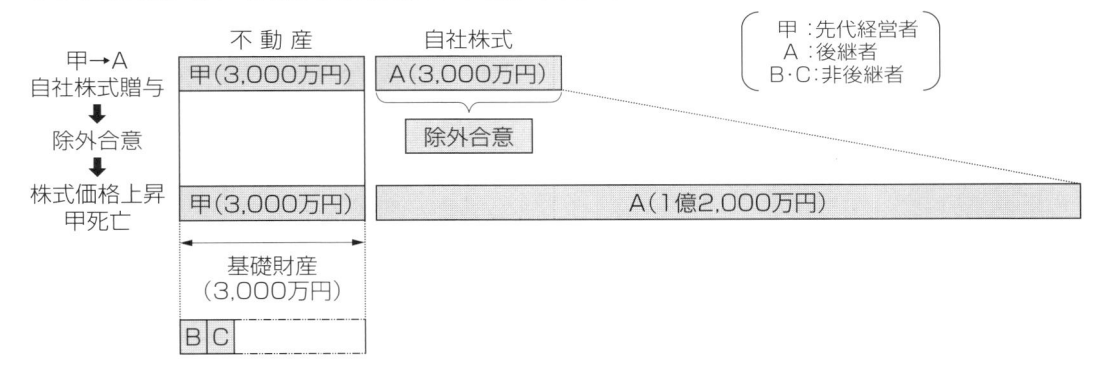

②　固定合意

　自社株式の価額が上昇しても遺留分の額に影響しないことから、後継者は相続時に想定外の遺留分の主張を受けることがなくなります。

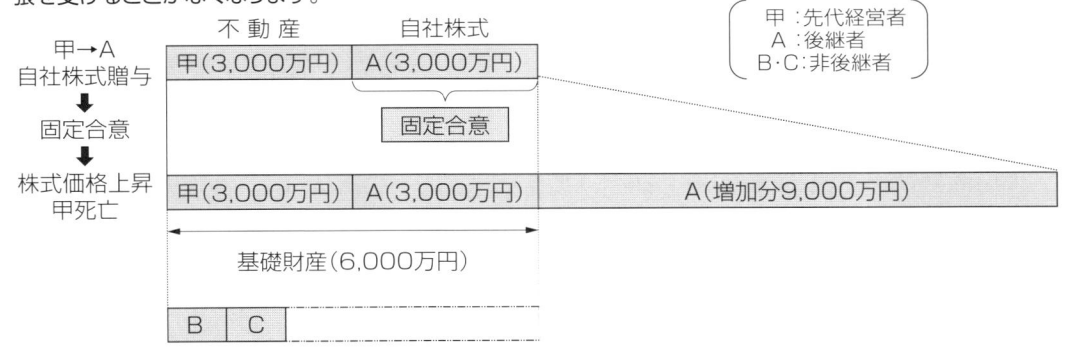

（出典：「経営承継法における非上場株式等評価ガイドライン」中小企業庁を一部加工）

　例えば、上の図のような場合には、先代経営者甲から後継者Aに対して経営権と自社株式が贈与され、その後、甲の相続開始時点においては、自社株式の評価額が４倍に増加しています。

　このような場合、税法上は特例事業承継税制や相続時精算課税贈与の制度を適用するなどすれば、相続税の課税において、自社株式の評価額は贈与時の3,000万円が持ち戻されるにすぎません。ところが、民法上は、B及びCが有することとなる遺留分減殺請求権（民法改正後は遺留分侵害額請求権）の基礎となる金額は、相続開始時点の評価額である１億2,000万円なのです。これでは、後継者Aは、B及びCの遺留分を増額させるために会社を成長させたことになってしまいます。場合によっては、増額した遺留分のために自社株式を手放さなくてはならないことも想定され、却って会社経営を危うくさせる可能性もあるのです。

　このような弊害に対応するために、経営承継法（民法特例）が平成20年10月から施行されています。

Ⅱ　経営承継法（民法特例）の内容

　後継者が安定的に経営を行っていくためには、先代経営者が保有する自社株式や事業用資産を後継者が円滑に承継することが重要ですから、特例中小企業者（注）の株式等の贈与を受けた者等が、経済産業大臣の確認を経ることを前提に、家庭裁判所の許可を得て遺留分権利者全員との合意及び所要の手続に関する民法特例の適用を受けることができます。

　経営承継法第4条第1項第1号に「除外合意」、第2号に「固定合意」が規定されています。

（注）遺留分に関する民法特例制度を利用できる会社をいい、下表の中小企業者のうち、一定期間（おおむね3年）以上継続して事業を行っているものとして経済産業省令で定める要件に該当する会社で、上場・店頭公開会社は除かれます。

中小企業基本法上の中小企業者の定義

	資本金 又は 従業員数	
製造業その他	3億円以下	300人以下
卸売業	1億円以下	100人以下
小売業	5千万円以下	50人以下
サービス業		100人以下

政令により範囲を拡大した業種（灰色部分を拡大）

	資本金 又は 従業員数	
ゴム製品製造業（自動車又は航空機用タイヤ及びチューブ製造業並びに工業用ベルト製造業を除く）	3億円以下	900人以下
ソフトウェア・情報処理サービス業	3億円以下	300人以下
旅館業	5千万円以下	200人以下

（中小企業庁財務課　中小企業経営承継円滑化法申請マニュアル「民法特例」）

1. 除外合意（贈与株式等を遺留分算定基礎財産から除外できる制度）

条文	当該後継者が当該旧代表者からの贈与又は当該特定受贈者からの相続、遺贈若しくは贈与により取得した当該特例中小企業者の株式等の全部又は一部について、その価額を遺留分を算定するための財産の価額に算入しないこと。
内容	・先代経営者の生前に経済産業大臣の確認を受けた後継者が、遺留分権利者全員との合意内容について家庭裁判所の許可を受けることで、先代経営者から後継者へ贈与された自社株式その他一定の財産について、遺留分算定の基礎財産から除外することができます。 ・後継者が旧代表者からの贈与等により取得した株式等につき除外合意をすることにより、当該株式等は遺留分算定基礎財産に算入されず、遺留分減殺請求の対象にもならないため、旧代表者の相続に伴って当該株式等が分散することを防止することができます。

具体例	前項Ⅰの①の図で、贈与された自社株式を、遺留分算定の基礎財産の対象外とする合意のことです。

2．固定合意（贈与株式の評価額を予め固定できる制度）

条文	前号に規定する株式等の全部又は一部について、遺留分を算定するための財産の価額に算入すべき価額を当該合意の時における価額（弁護士、弁護士法人、公認会計士（公認会計士法第16条の2第5項に規定する外国公認会計士を含む。）、監査法人、税理士又は税理士法人がその時における相当な価額として証明をしたものに限る。）とすること。
内容	・生前贈与後に株式価値が後継者の貢献により上昇した場合でも、遺留分の算定に際しては相続開始時点の上昇後の評価で計算されてしまいます。このため、経済産業大臣の確認を受けた後継者が、遺留分権利者全員との合意内容について家庭裁判所の許可を受けることで、遺留分の算定に際して、生前贈与株式の価額を当該合意時の評価額で予め固定することができます。 ・後継者が旧代表者からの贈与等により取得した株式等につき固定合意をすることにより、当該株式等につき遺留分算定基礎財産に算入する価額が当該合意時における価額に固定されます。旧代表者の相続開始時までに当該株式等の価値が上昇しても、非後継者の遺留分の額が増大することはなく、後継者は、企業価値向上を目指して経営に専念することができます。
具体例	上記Ⅰの②の図で、贈与された自社株式について、贈与時点の評価額3,000万円を遺留分算定の基礎財産の価額とする合意のことです。

3．付随合意等

　上記の除外合意又は固定合意に併せて付随合意をすることができます。すなわち、株式等以外の事業用資産等についても民法特例の対象とすることができます。

　後継者が経営者から贈与を受けた株式について、事前に後継者以外の親族と合意し、経済産業大臣の確認を受けることにより、遺留分放棄の法的確定に係る家庭裁判所の申請手続を後継者単独で行うことができます。

アドバイス

●遺留分減殺請求権

　「遺留分」とは、配偶者や子などに民法上保障される最低限の資産承継の権利です。後継者への生前贈与や遺贈などによって、非後継者の実際に得られた相続財産が遺留分に満たない場合に、非後継者が遺留分減殺請求（侵害された自分の遺留分を取り戻すための請求）を行うと、請求を受けた後継者は財産の返還又は金銭による価額弁償を行わなければなりません。

　遺留分は次の算式によって計算しますが、いずれも相続開始時点の時価で計算することに注意を要します。

＜遺留分の計算方法＞

個別的遺留分＝総体的遺留分（注1）×法定相続分

個別的遺留分額＝遺留分算定の基礎財産（注2）×個別的遺留分

　（注1）総体的遺留分
　　　　　・直系尊属のみが相続人である場合は、総体的遺留分は被相続人の3分の1
　　　　　　それ以外の場合は2分の1
　　　　　・遺留分権を有する者は兄弟姉妹以外の相続人、すなわち配偶者、子又はその代襲相続人（再代襲相続人を含む）、直系尊属となる（民法1028）
　（注2）遺留分算定の基礎財産
　　　　　①　相続開始時の積極財産（民法1029①）
　　　　　②　相続開始時の債務（民法1029①）
　　　　　③　相続開始前の1年以内の贈与財産（民法1030前段）
　　　　　④　相続開始前1年の日より前であっても、当事者双方が遺留分を侵害することを知って贈与した時の贈与財産（民法1030後段）
　　　　　⑤　遺留分算定の基礎財産＝（①－②）＋③＋④

一口メモ

●民法改正の動向

　平成30年、民法相続編が改正（注）されました。事業承継との関係で注目されるのは、遺留分減殺請求権の見直しです。ポイントは次の２点で、今後の経営承継法（民法特例）の適用に影響を及ぼす可能性もあると思われます。

（注）平成30年７月６日、民法及び家事事件手続法の一部を改正する法律（平成30年法律第72号）が成立し、同年７月13日に公布されました。
　　改正法の施行期日は、原則として公布の日から１年以内に施行することとされています。

1　遺留分減殺請求権の効力

　現行の民法の下では、遺留分減殺請求権が行使されると物権的効力が生じ、遺贈等の効力が消滅するため、目的財産は遺留分減殺請求権者の固有財産になるとされています。そのため、遺留分減殺請求権の行使によって、相続財産が共有になるなどの法律関係が生じ、事業承継に支障を及ぼしかねませんでした。

　このため、改正法においては、遺留分減殺請求権が行使されても遺贈等の効力を失うのではなく、減殺請求権者は、受贈者等に対して金銭債権を有するに過ぎなくなるものとされます。すなわち、物権的効力から債権的効力への改正です。「遺留分減殺請求権」の名称も、「遺留分侵害額請求権」に変更されます。

　したがって、改正によって、遺留分減殺請求権が行使されても、自社株式が共有状態になって複雑な法律関係が生ずることは回避することができるようになるので、事業承継の円滑化に資するものと考えられます。

2　期間制限の導入

　現行法においては、原則として、遺留分算定の基礎財産に算入される生前贈与に、期間の制限はありませんでした。

　改正法においてはこれが10年以内の贈与に限られることになります。すなわち、11年前以前に行われた生前贈与については、遺留分侵害額請求権の対象外になるということです。早期に生前贈与して、遺留分の問題を回避できるケースも増加するかも知れません。

Ⅲ　時価評価とその基準の必要性

　先代経営者から後継者が自社株式の贈与を受ける場合、いったん贈与税を納付し、相続時に相続税で精算を行う相続時精算課税制度を選択することができます。この制度においては、相続税の計算を行うに当たって、贈与財産の課税価格は贈与時の時価とされています。また、「非上場株式等に係る贈与税の納税猶予制度」（いわゆる事業承継税制）においても、贈与時には贈与税の納税を猶予し、贈与者の死亡の際に当該贈与税を免除した上で、対象株式を相続により取得したものとみなして相続税の計算を行いますが、その際の課税価格は、相続開始時点の時価ではなく、過去に贈与した時の時価とされています。

　しかし、相続時精算課税制度や贈与税の納税猶予制度は、あくまで相続税の計算上、評価時点を贈与時に固定するものであって、先代経営者の相続人間の権利関係を規律する遺留分制度の特例である固定合意とは、趣旨・目的が異なる制度です。

　したがって、生前贈与を受けた株式に係る贈与税の申告時に相続時精算課税制度や贈与税の納税猶予制度の適用を選択したとしても、遺留分の算定に係る当該株式の価額を固定するためには、別途、先代経営者の推定相続人間において、固定合意を行わなければなりません。この場合の「価額」は、贈与税の基礎となる財産の価額とは異なるものであることに留意する必要があります。

　固定合意における価額は、「合意の時における価額（以下「合意時価額」といいます。）」として専門家が証明したものに限るとされており、専門家としては下表のとおり掲げられているとおりです。

合意時価額を証明できる専門家		
弁護士 弁護士法人	公認会計士 （公認会計士法第16条の2第5項に規定する外国公認会計士を含む。） 監査法人	税理士 税理士法人

　しかし、取引相場のない株式の価額の評価方法には様々なものがあり、唯一絶対の価額があるわけではありません。どの評価方式を採用するかによって、価額に大きな影響を与えることがあります。民法にも、取引相場のない株式の評価方法について格別の規定が設けられているわけではありません。

　このため、公的な機関から公表されているガイドラインに依拠して算定する必要が生じ、合意時価額を算定する際の指針として定められたものが、平成21年2月に中小企業庁より

発表された「経営承継法における非上場株式等評価ガイドライン」（以下「経営承継法評価ガイドライン」といいます。）です。合意時価額の算定に当たっては、経営承継法評価ガイドラインの記載に従って説明することが必要であるとされています。

一口メモ

●企業価値評価ガイドライン

　株式評価の参考となるガイドラインに、日本公認会計士協会が編集した「企業価値評価ガイドライン」があります。同ガイドラインは、経営承継法に先立って、平成19年に公表されたものです。

　同ガイドラインは、企業価値評価に関する我が国の評価実務をまとめた研究報告で、準拠しなければならない「基準」や「マニュアル」ではないとされています。しかしながら、我が国には株式評価の「基準」や「マニュアル」が存在しないため、実務において大きな役割を果たしています。

　なお、経営承継法評価ガイドラインで示された株式評価方法は、企業価値評価ガイドラインとほぼ同じものであることが認められます。

Ⅳ 国税庁方式による取引相場のない株式の評価額との関係

　経営承継法評価ガイドラインに従って民法おける取引相場のない株式の時価を算定したとしても、これが税務申告に適用できるか否かは別に検討する必要があります。

1．合意時価額による納税申告の可否

　固定合意においては、後継者が株式を贈与等により取得することが要件となっているため、まず、贈与税に係る価額と合意時価額との関係が問題となります。

　合意時価額の算出に当たり、例えば、次のような場合には国税庁方式に基づく価額との間で乖離が生じることが考えられ、むしろ評価額が一致することが稀だと思われます。

経営承継法評価ガイドライン
　保有資産は少ないが大きな利益を出しているために収益方式を採用

相続税財産評価基準
　原則として収益方式は採用されていない

経営承継法評価ガイドライン
　資産規模が大きいために純資産価額方式を採用

相続税財産評価基準
　通達上の大会社に当たり、類似業種比準価額の方が低いケースであるため、類似業種比準価額で評価

　事業承継税制の改正によって、今後、一括贈与を前提とした贈与税の納税猶予制度を適用することが多くなると考えられますが、合意時価額と贈与税に係る国税庁方式に基づく価額との間の乖離が生じてしまうケースが想定されます。

　このときには、合意時価額が贈与税の計算における価額を上回ったときには、合意時価額によって課税されないかという懸念（評基通6適用）が生じ、その逆のときには、合意時価額によって納税申告をすることができないかという疑問が生じます。

【財産評価基本通達6】

（この通達の定めにより難い場合の評価）

　この通達の定めによって評価することが著しく不適当と認められる財産の価額は、国税庁長官の指示を受けて評価する。

　この点、経営承継法（民法特例）によると、このような乖離は、国税庁方式が相続税・贈与税の課税を前提とした評価方式であり、経営承継法の固定合意とその趣旨・目的を異にすることから、当然に生じるものといえるとされています。後継者と非後継者はそのような乖離が生じることを認識した上で合意を行っているのですから、乖離が生じること自体は特に問題はないのです。

　また、前述のような課税上の疑義について、経営承継法評価ガイドラインは、「①合意時価額が贈与税の計算における価額を上回ったとしても、従前の裁判例（東京地裁平成17年10月12日判決）に照らして直ちに課税問題が生じるとも考えられないし、②合意時価額が贈与税の計算における価額を下回ったときには、いずれが相続税法上の「時価」として妥当であるか等（東京地裁平成15年2月26日判決）を見極めて納税申告をすることが望まれ」る旨解説しています。

【引用判決①東京地裁平成17年10月12日】

　「ところで、評価通達は、このような原則的な評価手法の例外として、「同族株主以外の株主等が取得した株式」については、配当還元方式によって評価することを定めている。この趣旨は、一般的に、非上場のいわゆる同族会社においては、その株式を保有する同族株主以外の株主にとっては、当面、配当を受領するということ以外に直接の経済的利益を享受することがないという実態を考慮したものと解するのが相当である。そして、当該会社に対する直接の支配力を有しているか否かという点において、同族株主とそれ以外の株主とでは、その保有する当該株式の実質的な価値に大きな差異があるといえるから、評価通達は、同族株主以外の株主が取得する株式の評価については、通常類似業種比準方式よりも安価に算定される配当還元方式による株式の評価方法を採用することにしたものであって、そのような差異を設けることには合理性があり、また、直接の経済的利益が配当を受領することに限られるという実態からすれば、配当還元方式という評価方法そのものにも合理性があるというべきである。」

　「被告の主張をすべて考慮しても、本件株式について評価通達に定められた評価方法によらないことが正当と是認されるような特別の事情があるとはいえない。したがって、本件売買取引は、相続税法7条の「著しく低い価額の対価で財産の譲渡を受けた場合」には該当しない。」

　判決は、取引相場のない株式の譲受けについて、税務署長が相続税法第7条の「著しく

低い価額の対価で財産の譲渡を受けた場合」に該当するとして、当該譲受けの対価と税務署長が独自に算定した当該株式の時価との差額に相当する金額を課税価格とする贈与税の決定処分等をした事案につき、評基通による価額を上回る数件の取引価額があったとしても、評基通6項の適用について消極的に解しているものです。

（「特別の事情」については21ページ、125ページアドバイス参照）

【引用判決②東京地裁平成15年2月26日】

> 「本件○○町の土地の価格算定に際しては、取引事例比較法による比準価格は無視できないものの、これが収益還元法による収益価格を上回る規範性を有しているとは認め難く、双方を同等に用いるべきものと考えられる。そして、規準価格については、評価に直接反映させるべきでないことについて当事者間に争いがない上、前記のように乙公示地の公示価格が激しく変動している状況からすると、これを規準として用いることは相当でないというべきである。そうすると、本件○○町の土地についての更地価格は、適切に算定された比準価格と収益価格を単純平均して求めるのが相当である。」

　判決は、相続した宅地を評基通（路線価）によらない価額に基づいて相続税の申告をしたことが一部適法と認めています。

2．国税庁方式の役割

　一方、非後継者との関係において、国税庁方式とそれ以外のそれぞれの評価方式について、情報の共有が図られている中で行われた固定合意であれば、国税庁方式を採用することについても問題はないと考えられます。

　また、固定合意における合意時価額が専門家によって相当であると証明された場合には、その価額によって評価会社の関係者間で売買等の取引が行われることも想定されます。その場合には、相続税法上の課税問題のみならず、所得税法上及び法人税法上の課税問題が生じる可能性があります。しかし、所基通23～35共－9及び法基通9－1－13においては、適正と認められる売買価額や純資産価額等を参酌し、通常取引されると認められる価額をもって評価することとされています。また、所得税及び法人税の各基本通達ともに、一定の条件の下で評基通の準用を認めているという仕組みですから、合意時価額が、各通達にいう「価額」に相当するものとして、課税上も重視される可能性があります。

　以上の各税目の取扱いに照らせば、国税庁方式は、常に画一的で固定的（形式的）な評価方式にこだわっている訳ではなく、弾力的に取り扱うことを明らかにしています。このため、固定合意において専門家が相当であると証明した合意時価額が、合意後の課税関係においても重視される可能性も考えられるのです。ただし、そのために、諸条件を精査し

た上で合意時価額が相当であることの証明が求められることになります。

　経営承継法（民法特例）の記載によると、概略上記のように考えられるのではないかと思います。

3．実務上の問題点

　贈与税の申告において、合意時価額が評基通で算定した評価額よりも高い場合には、当然評基通で算定した評価額を採用するでしょう。評基通総則6項の適用を否定しきれはしませんが、実際上、問題になることはあまりないように思われます。

　問題となるのは逆のケースで、評基通で算定した評価額が、合意時価額よりも高い場合です。

【設例】

　経営承継法評価ガイドラインで証明された固定合意における合意時価額が、相続税評価額よりも低い次のようなケースは、A論とB論のいずれを採用すべきでしょうか。

合意時価額3,000万円＜相続税評価額9,000万円

A論：合意時価額3,000万円を採用して贈与税申告する。
B論：相続税評価額9,000万円を採用して贈与税申告する。

＜A論＞

　経営承継法評価ガイドラインにおいては、「合意時価額が贈与税の計算における価額を下回ったときには、いずれが『相続税法上の時価』として妥当であるか等を見極めて納税申告することが望まれる。」と記載されており、評基通によれば『相続税法上の時価』は「課税時期において、それぞれの財産の現況に応じ、不特定多数の当事者間で自由な取引が行われる場合に通常成立すると認められる価額をいい、その価額は、この通達の定めによって評価した価額による。」とされていますが、同通達総則6項は「この通達の定めによって評価することが著しく不適当と認められる財産の価額は、国税庁長官の指示を受けて評価する。」と定められています。事例のケースは、いわゆる「特別の事情」がある場合に該当し、総則6項によって財産評価基本通達によらないこともできるとするものです。

　たとえ同族間の贈与である場合でも、経営承継法（民法特例）における固定合意は、相続財産の分割を目的とするものですから、いわば遺産分割に当たって利益が相反する者同士の間の価格合意です。また、「経営承継法評価ガイドライン」に則って専門家が証明している価額が基になっているのですから、合意時価額を『相続税法上の時価』と捉えて差し支えありません。

　そもそも事業承継税制は経営承継法の柱の1つですから、法の目的を達成できるようにしなければならないとも考えられます。経営承継ガイドラインにおいても、宅地の評価事例ではありますが、東京地裁平成15年2月26日判決を引用し、評基通によらない評価方法も可能であることを示唆しています。

　したがって、設例の場合は3,000万円の評価額で申告して差し支えないと考えるものです。

＜B論＞

　経営承継法評価ガイドラインにおいては、「合意時価額が贈与税の計算における価額を下回ったときには、いずれが『相続税法上の時価』として妥当であるか等を見極めて納税申告することが望まれる。」と記載されていますが、評基通によれば『相続税法上の時価』は「課税時期において、それぞれの財産の現況に応じ、不特定多数の当事者間で自由な取引が行われる場合に通常成立すると認められる価額をいい、その価額は、この通達の定めによって評価した価額による。」とされているのですから、税務上は、財産評価基本通達に従うことになるとするものです。

　経営承継法評価ガイドラインで引用している東京地裁平成17年10月12日判決によれば、総則6項が適用されるためには「取引事例が、取引相場による取引に匹敵する程度の客観性を備えたものである場合等例外的な場合に限られ」ます。

　合意時価額の妥当性が専門家によって証明されているといっても、あくまで私人間における合意価額ですから、課税庁に対して、総則6項を適用できるほどに客観性を備えた価額であると主張するのは相当困難であるとするものです。

　したがって、設例の場合は9,000万円の評価額で申告しなければ、課税リスクを伴うことになります。

＜私見＞

　合意時価額は、民法特例による証明を受けているとしても、あくまで私人間の合意に過ぎません。また、証明された価額に強制力があるわけではなく、必ずしもその価額で合意する必要もありません。たとえ非上場株式等の贈与税の納税の猶予が適用されるとしても、課税の繰延べに過ぎず、直ちに贈与税額が免除されてゼロになるというわけではありませんから、恣意的に合意時価額を引き下げるという可能性は残ります。

　また、前掲した東京地裁平成17年10月12日判決においても、評基通総則6項が適用されるような取引事例については「取引事例が、取引相場による取引に匹敵する程度の客観性を備えたものである場合等例外的な場合に限られる」とされていることに注意が必要です。

　これらを考慮すると、やはり「特別の事情」を厳格に捉えて評基通が適用されるものと考えられます。「特別の事情」を認定して総則6項を適用するためには、裁判例による次

の表の要件を満たさなければなりません。

　表を見ると、特に(1)の要件をクリアすることがかなり困難であると考えられます。したがって、B論を採らざるを得ないのではないでしょうか。そうでなければ、除外合意をして相続税評価額で申告する場合とのバランスを保つことができないからです。

総則６項適用の判断基準
(1)	評基通による評価の合理性の欠如
	→評基通による評価方法を形式的に適用することの合理性が欠如していること
(2)	合理的な評価方法の存在
	→他の合理的な時価の評価方法が存在すること
(3)	著しい価額の乖離の存在
	→評基通による評価方法に従った価額と他の合理的な時価の評価方法による価額の間に著しい乖離が存在すること
(4)	納税者の行為の存在
	→納税者の行為が存在し、当該行為と(3)の「価額の間に著しい乖離が存在すること」との間に関連があること

(125 ページ**アドバイス**参照)

Ⅴ 会社法上の制度における取引相場のない株式の評価額との関係

　経営承継法評価ガイドラインには、評価方式を採用する際の参考として、「非上場株式の価額が争点となった裁判例」を紹介していますが、紹介された事件の争点は、次のように会社法によるものが中心です。

①　譲渡制限株式の譲渡につき会社が承認しなかった場合における当該会社又は指定買取人による買取りに係る売買価格決定申立事件

②　違法な自己株式の取得又は不公正な価額による新株発行によって被った損害に係る損害賠償請求事件

③　不公正な価額による新株発行に係る差止仮処分申立事件

　固定合意においても、後継者と非後継者という利害関係者間の利害を調整しつつ、対象となっている株式の適正な価額を定めるのですから、固定合意を行う際に、売買価格決定制度の下での裁判例も、ケースによっては参考となり得ます。

　その際に採用すべき評価方法は、税務上のものではなく、会社法の適用場面によるものであることがお分かりいただけると思います。

　売買価格決定の非訟事件手続は、裁判所がその裁量により価格を決定するものではありますが、実際には、申立人と相手方双方の主張立証の内容及び程度が評価方式の選択及び価格の決定において重要な影響を与えることがあるため、事実関係の共通性だけではなく、特定の評価方式を採用した理由等を精査し、固定合意を行う際に参考とすることが適切なものであるかを判断することが望ましいでしょう。

《参考》非上場株式の評価における証明書例

証　明　書

平成　　年　　月　　日

○○　○○殿

東京都○○区○○····
○○税理士事務所
税理士　○○　○○

　当職は、中小企業における経営の承継の円滑化に関する法律第4条1項第2号の規定に基づき、○○○○、○○○○及び○○○○がした平成○○年○○月○○日付け合意（以下「本件合意」という。）により定めた価額について、下記のとおり証明する。

記

1　本件合意の対象とした株式
　　株式会社○○○○の株式○○○株

2　本件合意により定めた金額
　　金○○○○円（1株当たり金○○○円）

3　鑑定評価の方法及び結果
　　1の株式につき、○○○○方式と○○○○方式との併用方式によって鑑定評価したところ、2の価額は、本件合意の時における相当な価額であると認められる。

4　附属書類
　　株式鑑定評価書　　1通

以　上

第3章
取引相場のない株式評価の全体像

　株式の評価方式には様々なものが存在しており、どの方式を採用するかによって、評価額が大きく異なることがむしろ通常です。株価評価を行う専門家は、評価の目的、評価会社の属性などを考慮しながら、案件ごとの諸事情を考慮しなければなりません。

　また、経営承継法（民法特例）における合意時価額算定に際して、後継者は、各種の評価方式について後継者以外の関係者に説明しなければなりません。このとき、「証明書」を作成した弁護士、公認会計士、税理士等の専門家は、それぞれの評価方式の特徴などについて、専門的見地から経営承継法評価ガイドラインに沿った説明を加えることが重要です。

　本章においては、各種の株式評価の概略についてご紹介し、実務において評価方法を選択する際の参考にしていただけるよう解説したものです。

　なお、税法における取引相場のない株式の評価方法については、章を改めて解説致します。

Ⅰ 株式評価が必要とされる場面

　取引相場のない株式は、売買、相続・贈与、M＆A等の企業再編を行う場合、会社法の規定に基づく場合等様々な場面で評価が必要とされることがあります。上場株式であれば証券市場で株価が形成されますが、取引相場のない株式の場合はそもそも市場が存在しておらず、非常に個別性が強いという性質があります。また、支配株主にとっての価値と少数株主にとっての価値は異なるということもあります。

　取引相場のない株式の評価が必要とされる場面を例示すると下表のようになりますが、それぞれの場面ごとに評価方法も異なることもあり、慎重な見極めが求められます。

根拠法令等	適用場面
税法	相続税法上の評価額を求める場合
	所得税法上の評価額を求める場合
	法人税法上の評価額を求める場合
会社法	反対株主の株式買取請求に係る買取価格の決定
	全部取得条項付の種類株式の取得に係る買取価格の決定
	特別支配株主による株式等売渡請求に係る売買価格の決定
	一に満たない端数の売却許可決定
	譲渡制限株式の売買価格決定
	相続人等による株式売渡請求に係る売買価格の決定
金融商品取引法	企業会計基準による評価額を求める場合
経営承継法（民法特例）	固定合意における合意時価額の評価額を求める場合

　取引相場のない株式の評価に当たっては、より客観的で信頼性の高い評価方法を選択することが重要となりますが、そもそも物の価値（価格）の評価は何も取引相場のない株式に限るわけではありません。このため、他の評価制度ではありますが、財産評価の基本的な考え方が示されている不動産鑑定評価との関係についても理解しておくことも重要だと考えます。

Ⅱ　時価の概念

1．法律による時価

　例えば相続税法第22条の「時価」は、「それぞれの財産の現況に応じ、不特定多数の当事者間で自由な取引が行われる場合に通常成立すると認められる価額をいい、その価額は、この通達の定めによって評価した価額による。」こととされています（評基通1⑵）。

　一方、不動産評価の考え方を示す地価公示法第2条第2項における「正常な価格」は、次のような規定になっています。これを見ると、相続税法における時価と基本的には同じ考え方であることが読み取れます。

【地価公示法第2条（標準地の価格の判定等）第2項】

　前項の「正常な価格」とは、土地について、<u>自由な取引が行なわれるとした場合におけるその取引</u>（農地、採草放牧地又は森林の取引（農地、採草放牧地及び森林以外のものとするための取引を除く。）を除く。）<u>において通常成立すると認められる価格</u>（当該土地に建物その他の定着物がある場合又は当該土地に関して地上権その他当該土地の使用若しくは収益を制限する権利が存する場合には、これらの定着物又は権利が存しないものとして通常成立すると認められる価格）をいう。

※アンダーラインは筆者

2．不動産鑑定評価基準による時価

　また、不動産鑑定評価の実務指針である不動産鑑定評価基準において「正常価格」は、次のように定義されています。

【不動産鑑定評価基準】

　総論第5章「鑑定評価の基本的事項」第3節「鑑定評価によって求める価格又は賃料の種類の確定」

Ⅰ「価格」

　不動産の鑑定評価によって求める価格は、基本的には正常価格である（中略）

　1．正常価格

　　正常価格とは、<u>市場性を有する不動産について、現実の社会経済情勢の下で合理的と考えられる条件を満たす市場で形成されるであろう市場価値を表示する適正な価格</u>をいう。この場合において、現実の社会経済情勢の下で合理的と考えられる条件を満たす市場とは、

以下の条件を満たす市場をいう。

（1）市場参加者が自由意思に基づいて市場に参加し、参入、退出が自由であること。

　　なお、ここでいう市場参加者は、自己の利益を最大化するため次のような要件を満たすとともに、慎重かつ賢明に予測し、行動するものとする。

　　①　売り急ぎ、買い進み等をもたらす特別な動機のないこと。

　　②　対象不動産及び対象不動産が属する市場について取引を成立させるために必要となる通常の知識や情報を得ていること。

　　③　取引を成立させるために通常必要と認められる労力、費用を費やしていること。

　　④　対象不動産の最有効使用を前提とした価値判断を行うこと。

　　⑤　買主が通常の資金調達能力を有していること。

（2）取引形態が、市場参加者が制約されたり、売り急ぎ、買い進み等を誘引したりするような特別なものではないこと。

（3）対象不動産が相当の期間市場に公開されていること。

一口メモ

●不動産鑑定評価制度の歴史と不動産鑑定評価基準

　我が国においては昭和30年代に高度経済成長による都市への急速な産業・人口の集中を背景として著しく地価が高騰し、土地・住宅の入手難、投機的な土地取引の増大といった国民経済にとって重大な問題が生じました。この地価高騰の重要な要因の1つとして、合理的な地価形成を図るための制度の欠如が指摘され、この問題に対処するため昭和37年に建設省に宅地制度審議会が設置されました。当時の建設省は宅地制度審議会の答申を受けて法案を国会に提出し、昭和39年4月1日に「不動産の鑑定評価に関する法律」が施行されました。

　不動産は、不動性、非代替性、不変性といった他の一般の財と異なる特性を有し、その1つひとつが極めて個別性に富んだものであるため、いわゆる妥当な相場というものが形成され難いものです。このため個々の取引等において、その価格の決定に当たっては、対象不動産について、鑑定評価という行為が必要であり、この鑑定評価の行為は、極めて専門的な知識、経験、判断力を必要とし、このような資質を備えた専門家によってはじめてなされ得るものです。そこで、不動産の価格が合理的に決定されることを可能とするために、このような資質を備えた専門家を確保し、規制と育成を図ること、すなわち専門家制度としての不動産鑑定評価制度が必要とされ、整備されることになりました。

　不動産鑑定評価基準は、不動産鑑定士が不動産の鑑定評価を行うに当たっての統一的基準です。

Ⅲ　不動産鑑定評価における基本的な評価方式

一般に財物の価格については、

①　それを自ら作ったら如何ほどの費用が必要か

②　それは市場では如何ほどの価格で取引されているか

③　それを取得すれば如何ほどの収入が得られるのか

を比較衡量して決定すると考えられます。

①は原価性、②は市場性、③は収益性の観点から価格にアプローチしようとするものですが、これら３つの視点は、価格の３面性といわれています。当該財物がその需要に応じて生産（供給）が弾力的に行われるように市場機能が完全に作用しているならば、それぞれの財物の間で代替競争の関係が働き、３価格はいずれも１つの価格に収れんしていくものと考えられます。

上記の①原価性に着目した鑑定評価の手法を原価法（原価方式）、②市場性に着目した鑑定評価の手法を取引事例比較法（比較方式）、③収益性に着目した鑑定評価の手法を収益還元法（収益方式）と呼びます。

１．原価法（原価方式）

原価法は、価格時点における対象不動産の再調達原価を求め、この再調達原価について減価修正を行って対象不動産の試算価格を求める手法です。

この手法による試算価格を積算価格と呼びます。

２．取引事例比較法（比較方式）

取引事例比較法は、まず多数の取引事例を収集して適切な事例の選択を行い、これらに係る取引価格に必要に応じて事情補正及び時点修正を行い、かつ、地域要因の比較及び個別的要因の比較を行って求められた価格を比較考量し、これによって対象不動産の試算価格を求める手法です。

この手法による試算価格を比準価格と呼びます。

３．収益還元法（収益方式）

収益還元法は、対象不動産が将来生み出すであろうと期待される純収益の現在価値の総

和を求めることにより対象不動産の試算価格を求める手法です。

　この手法による試算価格を収益価格と呼びます。

◆**不動産鑑定評価の３方式**

	鑑定評価の方式	求める価格
①	原価方式（原価法）	積算価格
②	比較方式（取引事例比較法）	比準価格
③	収益方式（収益還元法）	収益価格

　以上のような不動産の鑑定評価に関する３つの評価方式は、次項以下で解説する取引相場のない株式の評価にも通ずる考え方なのです。

（→31ページ参照）

４．併用方式

　不動産鑑定評価方式の適用に当たっては、原則として、上記で解説した３方式、すなわち原価方式、比較方式及び収益方式を併用すべきであり、評価対象不動産の種類、所在地の実情、資料の信頼性等によって３方式の適用が困難な場合においても、その考え方をできるだけ参酌することとされています。

　評価方式を併用するのは、不動産鑑定評価に限ったことではなく、取引相場のない株式の評価に当たっても、多く用いられている方法です。

（→44ページ参照）

Ⅳ　取引相場のない株式の基本的な評価方法

　取引相場のない株式は個別性が強く、評価に当たって主観的な要素が入ることも否定できません。また、支配株主にとっての取引相場のない株式の価値と少数株主にとっての価値は異なります（一物二価）。

　このような取引相場のない株式の評価を行うに当たっては、評価する目的、所有者等の対象者、評価時点などを勘案して評価方法を選択することになります。

　この項以下においては、取引相場のない株式の基本的な評価方法について経営承継法評価ガイドラインに沿ってその概要を解説していきます。

1．評価目的

　取引相場のない株式の評価目的を例示すれば、次のようになります。

取引目的	・株式譲受・譲渡 ・合併 ・株式移転 ・株式交換
裁判目的	・買収価格決定 ・売買価格決定
その他の目的	・処分目的 ・課税目的

2．評価方法

　取引相場のない株式の基本的な評価方法には、

①　インカムアプローチ（収益方式）

②　マーケットアプローチ（比準方式）

③　ネット・アセットアプローチあるいはコストアプローチ（純資産方式）

があります。

　①は不動産鑑定評価における収益方式、②は不動産鑑定評価における比較方式、③は不動産鑑定評価における原価方式に対応するものであることがお分かりいただけると思います。

⑴　インカムアプローチ

インカムアプローチは、継続企業を前提として、評価会社が将来生み出すであろう収益を予測し、適正な割引率によってその現在価値の合計を求めて株価を算定する方法をいいます。

インカムアプローチによる評価方法には、将来のフリー・キャッシュ・フロー（以下「FCF」といいます（注）。）を予測して株価を算定するディスカウンテッド・キャッシュ・フロー（以下「DCF」といいます。）方式、将来の予測収益を基に株価を算定する収益還元方式、評価対象会社の配当金に着目して株価を算定する配当還元方式などがあります。

（注）FCF：債権者や株主等の資金提供者に対する利払い、弁済又は配当に充てることのできるキャッシュ・フローのことをいいます。

⑵　マーケットアプローチ

マーケットアプローチは、評価会社と類似する公開会社等の配当、利益、純資産などを比較して、株価を算定する方法をいいます。

マーケットアプローチによる評価方式には、類似する公開会社の株価を基礎とする類似会社比準方式、類似する会社の実際に行われた過去の取引価額を基礎とする類似取引比準方式などがあります。

⑶　ネット・アセットアプローチ（コストアプローチ）

ネット・アセットアプローチは、評価会社のストックとしての資産及び負債に着目して株価を算定する方法をいいます。

ネット・アセットアプローチによる評価方法には、評価会社の貸借対照表上の資産及び負債を基礎とする簿価純資産方式、評価対象会社の貸借対照表上の資産を時価評価し、簿外負債の計上等追加修正を行った後の資産及び負債を基礎とする時価純資産方式などがあります。

⑷　評価方式の選択

上に述べた3方式はそれぞれ特徴を有し、その特徴に応じたメリットとデメリットを有するので、評価の対象となる取引相場のない株式の特徴等に応じた評価方式が採用されることになります。また、1つの評価方式で事足りると判断されることもあれば、前述の不動産鑑定評価と同様に、複数の評価方式を併用することもあります。

3．税法との関係

税法における取引相場のない株式の評価は、評基通178 ～ 189 − 7 に定められています。評基通においては、マーケットアプローチの一つである類似業種比準方式、ネット・アセットアプローチである純資産価額方式が採用されています。

　また、少数株主にはインカムアプローチの１つである配当還元方式も採用されていますが、税法における配当還元方式は過去の配当に着目し、将来の収益を予測したものではなく、上に述べたインカムアプローチの配当還元方式とは異なるものです。

　このように、評基通における評価は、相続税や贈与税の財産評価を目的としているもので、将来の企業価値を考慮するインカムアプローチの考え方は取り入れられていません。このため、M＆Aや組織再編等の継続企業を前提とする評価には馴染まないことも多いでしょう。

4．取引相場のない株式の評価に関するガイドライン

　取引相場のない株式の評価に関するガイドラインとして、経営承継法評価ガイドラインと企業価値評価ガイドラインが挙げられますが、これらのガイドラインの基本的な考え方は同じであって、大きな違いはありません。

⑴　経営承継法評価ガイドライン

　経営承継法評価ガイドラインは、経営承継法の施行において定められたものです。

　経営承継法においては、事業承継における後継者が贈与により取得した株式について、関係者間において「遺留分を算定する際の価値を合意の時における価値に固定する」との規定があり、経営承継法評価ガイドラインは、この合意時価額の算定指針となるものです。

　なお、経営承継法を受けて事業承継税制も整備されつつあり、平成30年には大幅に改正されたいわゆる「特例事業承継税制」が施行されることになりました。本書においては、第8章でこの「特例事業承継税制」にも触れることに致します。

⑵　企業価値評価ガイドライン

　企業価値評価ガイドラインは、公認会計士が、株式の価値を評価する場合の実施、報告についてとりまとめたもので、平成19年に日本公認会計士協会によって「経営研究調査会研究報告第32号『企業価値評価ガイドライン』」が公表され、平成25年にその改正版が公表されています。

⑶　両ガイドラインの評価方法の対比

　経営承継法評価ガイドラインと企業価値評価ガイドラインを簡略化して、評価方法の例示すると次の表のとおりですが、内容はほぼ同じものです。

企業価値評価ガイドライン			経営承継法 評価ガイドライン
アプローチ方法	着眼点等	評価法	
インカム アプローチ	継続企業の 将来の収益力	フリー・キャッシュ・フロー法 調整現在価値法 残余利益法その他 　配当還元法 　利益（収益）還元法	収益方式 　ＤＣＦ方式 　収益還元方式 　配当還元方式
マーケット アプローチ	他社との比較	市場株価法 類似上場会社法 　（倍率法、乗数法） 類似取引法 取引事例法 　（取引事例価額法）	比準方式 　類似会社比準方式 　類似取引比準方式
ネット・アセット アプローチ （コストアプロー チ）	純資産	簿価純資産法 時価純資産法 その他	純資産方式 　簿価純資産方式 　時価純資産方式 　国税庁方式
国税庁方式			相続税法上の時価 所得税法上の時価 法人税法上の時価

Ⅴ　収益方式

　収益方式とは、評価会社が将来獲得する利益又はFCF（**Ⅳ**の2の(1)の（注）参照）を一定の割引率で割り引いた現在価値で評価する方法で、具体的には次のような方式があります。

・DCF方式→将来のFCFを予測して株価を算定する方式

・収益還元方式→将来の予想収益を基に株価を算定する方式

・配当還元方式→株主が評価会社から将来獲得することが期待される配当金に基づいて評価を行う方式

　なお、このような収益方式については、FCFにせよ、割引率にせよ、見積もり計算によることになりますので、見積もり如何によって評価額が大きく変動するという欠点があります。

1．株式の価額の計算方法

　収益還元方式又はDCF方式においては、まず評価会社が将来獲得することが期待される利益又はFCFに基づき事業価値の算定を行います。

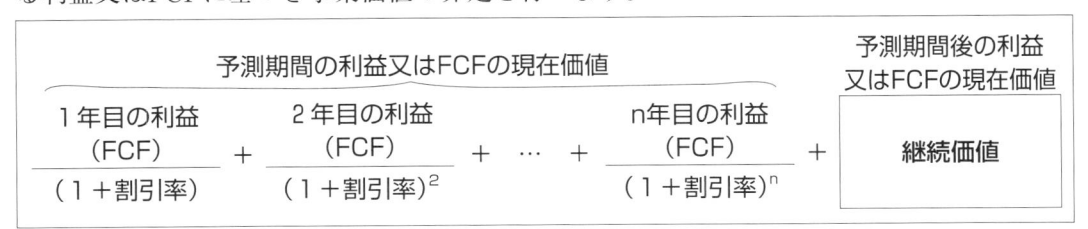

予測期間の利益又はFCFの現在価値			予測期間後の利益又はFCFの現在価値
$\dfrac{1年目の利益（FCF）}{（1＋割引率）}$ ＋ $\dfrac{2年目の利益（FCF）}{（1＋割引率)^2}$ ＋ … ＋ $\dfrac{n年目の利益（FCF）}{（1＋割引率)^n}$		＋	継続価値

◆事業価値の算出イメージ

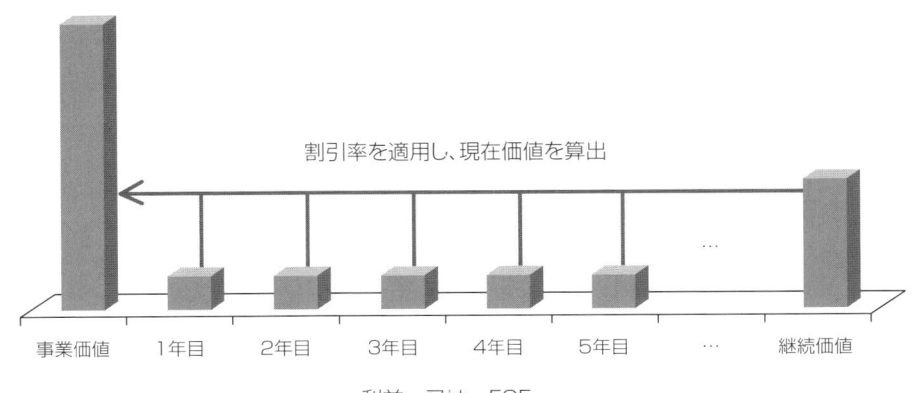

割引率を適用し、現在価値を算出

事業価値　1年目　2年目　3年目　4年目　5年目　…　継続価値

利益　又は　FCF

（出典：「経営承継法評価ガイドライン」中小企業庁）

２．収益還元方式

　収益還元方式とは、評価会社が将来獲得するであろうと見込まれる収益を、過去の決算数値等から推定し、これを一定の割引率で還元して株価を算定する方式です。

　収益還元方式では、株式価値を算出するに当たり、一定の利益が永続すると仮定しますが、利益の算定に当たっては評価会社の営業活動の成果である営業利益（税引後）の過去３〜５年の平均値を用いることが一般的です。

　収益還元方式は、評価対象会社が将来獲得するであろう収益を過去の数値を基準として算定する方法ですので、①過去に赤字である会社、②債務超過の会社にこの方式を適用するのは困難です。

　収益還元方式は次の算式によって計算されます。

算式

$$\text{1株当たりの株価} = \frac{\text{1株当たりの将来の予測税引後利益}}{\text{割引率（注）}}$$

（注）割引率：一般的には加重平均資本コスト（Weighted Average Cost of Capital、以下「WACC」といいます。）が使用されます。「WACC」は、資本調達に伴うコスト等に基づいて算定されるもので、負債コストと自己資本コストの税引後加重平均によって求められます。

$$r = r_E \times \frac{E}{E + D} + r_D(1 - t) \times \frac{D}{E + D}$$

r：加重平均資本コスト　r_E：株主資本コスト
$r_D(1-t)$：負債資本コスト
E：資本　D：負債　t：実効税率

$$r_E = Rf_1 + \beta(Rm - Rf_2) + RP$$

Rf_1：現在のリスクフリーレート　β：リスク感応度
$(Rm - Rf_2)$：エクイティリスクプレミアム
RP：その他リスクプレミアム

計算のポイント

※　負債資本コストに関しては、評価日の直前の事業年度における長期借入金及び社債の平均利率などを参考に調達コストを算定したうえで、支払利息が法人税法上、損金算入されることを考慮し、支払利息相当分に税率を乗じた額を控除します。

※　リスクフリーレートに関しては、一般的には、評価時点の長期国債利回りが多く採用されます。

※　リスク感応度（β値）とは、株価指数の変化率に対する評価会社の株価の変化率のことであり、一般的には、非上場の中小企業においては、類似会社のβ値又はその会社の属する業種のβ値が多く使用されます。

※　エクイティー（マーケット）リスクプレミアムとは、危険資産である株式への投資に対して投資家が要求するリスクプレミアムであり、株式の投資収益率からリスクフリーレートを差し引くことにより算定されます。一般的には、一時的なマーケットの変動が株主価値に与える影響を排除するためのものです。

※　その他のリスクプレミアムとして、評価会社の規模に応じた小規模リスクプレミアムを勘案することが考えられます。現実にはβ値が同一であっても、一般的に規模の小さい会社の方が規模の大きい会社より事業リスクが高いことが多いため、評価会社の発行済株式の時価総額に合わせた小規模リスクプレミアムをエクイティー（マーケット）リスクプレミアムに加算することなどの手法により調整を行います。

3．DCF方式

　DCF方式では、株式価値を算出するに当たり、評価会社が将来獲得するであろうFCFに割引率を適用して算定する方法です。FCFについては、過去３～５年のFCFの平均値を基に算定する方法と、将来性を見込んで算定する方法があります。

　他の多くの株価評価の方法が過去の数値や指標を基準としているのに対して、DCF方式においては、事業計画に基づき、企業が将来生み出すであろう収益を基準としているところに特徴があります。

　注意すべき点は、FCFは会計上の収益ではなく、キャッシュ・フローに基づいて算定するもので、算式を示せば次のとおりです。

算式

　営業利益 − 法人税額等相当額 ＋ 減価償却費 − 資本的支出 ± 運転資本の増減額

　このため、将来予測されるキャッシュフローの算定、適用する割引率の設定が評価額に大きな影響を与えます。予測されるキャッシュフローを過大に見積もれば評価額は高くなり、過小に見積もれば評価額は低くなります。割引率についても、高く設定すれば評価額は下がり、低く設定すれば評価額は上がることになります。

　DCF方式の長所と短所を例示すれば、下表のようになります。

DCF方式の長所	株式評価の基準に、過去の実績数値ではなく、将来予測されるキャッシュフローを用いているため、 ①　設立後間もない会社 ②　急成長を遂げている会社 ③　将来の収益を確実に見込むことのできる会社（不動産管理会社など） の評価に優れた方法です。
DCF方式の短所	将来予測されるキャッシュフローを基準とすることから、主観が入りやすい評価方法です。このため、将来の予測や割引率の客観性が求められます。

　なお、経営承継法評価ガイドラインには、将来の事業計画に基づきDCF法を採用した例として、東京地裁平成20年３月14日決定を取り上げていますので、本書においても第7章でご紹介しています。

４．配当還元方式

　配当還元方式は、株主が将来受け取ることが期待される配当金に基づいて株式の価額を計算する方法です。

　配当還元方式は次の算式によって計算を行います。

算式１

$$1株当たりの株価 \ = \ \frac{配当期待値}{株主資本コスト}$$

計算のポイント

※　配当金の期待値は、過去の実績値を採用します。

※　株主資本コストについては、前記２の算式の（注）割引率を参照してください。

　また、上の方式を発展させた方式としてゴードンモデル法があります。ゴードンモデル法によれば次の算式によって計算を行います。

算式２　ゴードンモデル法

$$1株当たりの株価 \ = \ \frac{配当期待値}{（株主資本コスト \ - \ 配当成長率）}$$

　経営承継法評価ガイドラインには、ゴードンモデル法を採用した例として、東京地裁平成６年３月28日決定が取り上げられていますので、本書第７章においてこれをご紹介いたします。

　なお、評基通においても配当還元方式は定められていますが、これは過去の配当実績を基にする計算方法で、上に述べた方式とは異なることに注意が必要です。

　また、配当還元方式の適用に当たっては、評価会社の配当政策による影響が大きいことにも注意しなければなりません。

５．割引率

　前記２の収益還元方式での解説した割引率は、一言でいえば長期プライムレートの平均値にリスクプレミアムを加算する方法が採用されています。

　リスクプレミアムは、通常４～５％の数値が採用されることが多いようですが、前掲東京地裁平成20年３月14日決定においては、リスクフリーレートについては評価時点の新規発行国債利回り（1.875%）、エクイティー（マーケット）リスクプレミアムについては、Ibbotson Associates社が算定している統計データ（8.5%）を採用しています。

●**割引率（還元利回り）**

　割引率の対象となる収益が同じであったとしても、割引率（還元利回り）が異なれば評価額も大きく異なることになります。

　収益が100万円だと仮定した場合に、割引率が①５％の場合と②10％の場合を比較すれば次のとおりです。

①　株価（元本相当額）＝100万円÷　５％＝2,000万円

②　株価（元本相当額）＝100万円÷　10％＝1,000万円

　割引率が高いということは、リスクプレミアムが高いということ、すなわちリスクが高いということです。リスクが高い資産は、高い利回りが得られるものでなければ投資家の投資対象になりません。いい換えれば、分配する収益の元本に対する利回りが高くなければならないということです。

　取引相場のない株式は、公社債などの安全資産に比べてリスクが高いので、安全資産よりも高い利回りが求められるのです。この高くなった部分、すなわち、安全資産の利回りに加算される部分をリスクプレミアムといいます。

　収益が同じであった場合、リスクプレミアムが高ければ高いほど、元本価格は低くなるということです。

Ⅵ 純資産方式

　純資産方式とは、貸借対照表上の総資産から総負債を差し引いて求めた純資産価値を基準に株式を評価する方法です。

　純資産方式は、

① 評価会社の帳簿価額における純資産価額に基づいて評価する簿価純資産方式

② 評価会社の帳簿価額を時価に引き直した純資産価額に基づいて評価する時価純資産方式

に大別されます。

1．簿価純資産方式

　簿価純資産方式は、貸借対照表に計上されている各資産の帳簿価額による純資産価額をもって、株式の評価額とするものです。

　簿価純資産方式による株式の評価額は、次の算式によって算定されます。

> **算 式**　簿価純資産方式
>
> $$\text{1株当たりの評価額} = \frac{\text{評価会社の貸借対照表上の純資産価額}}{\text{発行済株式総数}}$$

　簿価純資産方式は、評価会社の帳簿上の客観的な純資産価額を基に算定する方法であるため、計算が簡便で、恣意性も排除されます。

　ただし、含み損益のある土地や株式等も取得価額によって評価されるため、評価時点での時価が反映されません。また、将来の収益力や成長力も評価額に加味されていません。

2．時価純資産方式

　時価純資産方式は、貸借対照表に計上されている各資産を時価に引き直し、その純資産価額をもって、株式の価額とするものです。さらに、この方式には、含み益に対する法人税額等相当額を控除する方式と控除しない方式とがあります。含み益に対する法人税額等相当額を控除する場合には、会社を清算するとした場合の清算価額となります。

　時価純資産方式による株式の評価額は、次の算式によって算定されます。

算式　時価純資産方式

$$\text{1株当たりの評価額} = \frac{\text{時価による資産の合計額} - \text{時価による負債の合計額} - \text{含み益に対する法人税額等相当額}}{\text{発行済株式数}}$$

　時価評価に基づいた純資産方式には、「事業を新たに開始する際に同じ資産を取得するとした場合における価額を算定する」との考え方に基づくインプットプライス系統の再調達時価純資産方式と、「会社を清算するとした場合における早期処分価額を算定する」との考え方に基づくアウトプットプライス系統の清算処分時価純資産方式などがあります。いずれの方式によるとしても、評価会社の各資産（特に、土地、建物、非上場株式等）の価額をどのように評価するかがポイントになります。

　経営承継法評価ガイドラインには、時価純資産方式を採用した例として、東京地裁平成4年9月1日決定が取り上げられていますので、第7章においてこれをご紹介いたします。

　なお、相続税財産評価基準においても純資産方式が採用されています。

算式　税法上の純資産方式

$$\text{1株当たりの評価額} = \frac{\text{会社資産合計額（相続税評価額）} - \text{負債（相続税評価額）} - \text{評価差額に対する法人税額等相当額（注）}}{\text{発行済株式数}}$$

（注）評価差額に対する法人税額等相当額

$$\left(\text{相続税評価額による純資産} - \text{帳簿価額による純資産価額} \right) \times 37\%$$

計算のポイント

※　評基通においては評価差額に対する法人税額等相当額を控除しますが、所基通、法基通では控除しません。第4章のⅢを参照してください。

Ⅶ 比準方式

比準方式には、

①　評価会社に類似する特定の上場会社の市場株価等を参考として評価する類似会社比準方式

②　評価会社に類似する業種等の上場会社の市場株価等を参考として評価する類似業種比準方式

③　評価会社の株式の過去の取引における価額を参考とする取引事例方式

の3種類があります。

　この方式は、類似会社比準方式では類似する特定の上場会社の市場株価等の動向、類似業種比準方式では類似業種の上場会社の株式の市場株価等の動向、取引事例方式では実際の取引における価額をそれぞれ踏まえているという点において、客観性が高いといえますが、比準させる類似性のある会社や業種の選定が困難な場合が多く見受けられます。

1. 類似会社比準方式

　類似会社比準方式では、まず、評価会社の業種、規模などを考慮し、類似する特定の上場会社を選定し、評価会社と選定した上場会社の純資産価額等の財務数値を比較して格差（比準割合）を算出します。その上で、算出した格差（比準割合）を、選定した上場会社の市場株価等に乗じることにより、評価会社の株価を算定する方式です。

　対比する上場会社については、事業内容、会社規模、収益性等において、評価会社に類似しているか否かを基準とします。また、客観性を高めるため、複数の上場会社を選択し、その価額を按分することが望ましいとされています。

算式

> **1株当たりの評価額　＝　類似会社の平均株価　×　比準割合**

　この方式は、公開会社の株価と比較するため、株式を公開する場合の公開株価を決定する際に有用なものです。しかし、評価対象会社と内容、規模等の類似する会社や業種の選定が困難な場合も多く、適正な株価算定のためには慎重な会社選択が必要です。

２．類似業種比準方式

　類似業種比準方式では、まず、評価会社と類似する業種のすべての上場会社を選定し、評価会社と類似業種会社の純資産価額等の財務数値を比較して格差（比準割合）を算出します。次に、算出した格差（比準割合）を類似業種会社の株式の市場株価に乗じることにより、評価会社の株価を算定する方式です。国税庁方式による類似業種比準方式がその代表例です。

　経営承継法評価ガイドラインには、類似業種比準方式を採用した例として、大阪高裁平成11年６月17日決定が取り上げられていますので、第７章においてこれをご紹介いたします。

３．取引事例方式

　取引事例方式とは、評価会社の株式について、過去に適正な売買が行われたことがある場合に、その取引価額を基に株式の価額を算定する方式です。

　対比する取引事例については、取引の時点、買主の特性、対象株式の発行済株式総数に対する割合等が近似しているか否か、過去の取引事例における価額が合理的な方法で評価されたものであるか等を検討する必要があります。

　過去の売買事例が複数回存在しているような場合には、基本的に直近の売買事例を用いることが一般的です。

　なお、税法上の評価においても、所得税及び法人税の基本通達に謳われていますが、実務上、これが適用される事例はあまりありません。

Ⅷ 併用方式

　不動産の鑑定評価において、鑑定評価の3方式を併用することが原則であると述べましたが、取引相場のない株式の評価についても同様です。経営承継法評価ガイドラインには、この点について次のように述べています。

> 　「会社には、様々な特質があり、一つの特質のみに着目した評価方式のみを採用することは合理的でない場合がある。このため、複数の評価方式を併用し、一定の割合で按分する手法を用いることもあり得る。実際、後述する裁判例においても、こうした併用方式を使用するものが多い。
>
> 　併用方式を採用する場合、それぞれの評価方式による価額の按分割合が問題となるが、裁判例も参考にしつつ、各種評価方式の特徴と評価対象会社の業種、規模、資産、収益状況や株主構成などの諸要因を考慮し、適切な割合を決定する必要がある。一般論としては、収益性に比して、不動産等の処分価値のある資産を多く所有している会社であれば、純資産方式の割合を大きくし、いわゆるベンチャー企業のように所有資産はそれほど多くないが、収益性・成長性の高い会社であれば収益方式（収益還元方式又DCF方式など）の割合を大きくすることが考えられる。」（経営承継法評価ガイドライン24ページ）

　同ガイドラインに掲げられた裁判例の表を以下に引用しますが、併用方式の例も多く認められます（経営承継法評価ガイドライン24 〜 26ページ）。相続で分散した株式を集中させる際の売買価額の決定などの場面においても参考となるものではないでしょうか。

1．譲渡制限株式の売買価格決定申立事件

> 　「譲渡制限株式の売買価格決定申立事件は、株式譲渡について会社の承認を得られない場合に申し立てられるものであるから、事件の性質上、評価の対象は、少数株主が所有する株式であることが通常である。したがって、会社支配権を有する後継者が所有する株式が評価対象となる固定合意の場合とは局面が異なることに留意する必要がある。」（経営承継法評価ガイドライン24ページ）

番号	決定日	対象株式	評価方式				備考
			純資産	収益還元	配当還元	その他	
1	京都地決 昭62.5.18	11%	40% （簿価）	20%	20%	20% （類似業種）	指定買受人は、対象株式の取得により22.1%の株式を保有。
2	青森地決 昭62.6.3	16%	100% （時価）	—	—	—	
3	福岡高決 昭63.1.21	3.3%	—	—	○	○	配当還元価額を類似会社の配当性向との比較により修正。
4	東京高決 昭63.12.12	30%	70% （時価）	30%	—	▲30% （市場性欠如）	資産保有目的の色彩の濃い会社。
5	大阪高決 平元.3.28	0.06% 〜0.26%	—	—	100% （ゴードンモデル）	—	支配的持株数を有する大株主が存在しない。
6	東京高決 平元.5.23	2.85% 〜3.3%	20% （簿価）	20%	60%	—	代表者一族が80%以上の株式を保有する同族会社。
7	東京高決 平2.6.15	0.16%	30% （時価）	—	70%	—	代表者家族の持株比率は約20%。
8	千葉地決 平3.9.26	10%	50% （時価）	—	50%	—	役員報酬を配当金の変形とみなしたうえで、配当還元方式により算定。
9	札幌地決 平16.4.12	6.56%	25% （時価）	50%	25%	—	
10	東京地決 平20.3.14	合計4%	—	100% （DCF）	—	—	営業譲渡の反対株主による株式買取請求
11	東京高決 平20.4.4	40%	—	100%	—	—	ベンチャー企業

2．損害賠償請求事件（株主代表訴訟を含む）

　「新株発行における発行価額や自己株式の取得価額の決定について取締役に広い裁量があることを前提として、その裁量の範囲を逸脱しているか否かという観点から判断がなされることになるが、裁量の逸脱があり、取締役に任務懈怠責任があると判断される場合には、賠償すべき損害額の認定に当たり、新株発行又は自己株式の取得の当時における価額の認定が必要となる。」（経営承継法評価ガイドライン26ページ）

番号	判決日	発行又は取得株式	評価方式				備考
			純資産	収益還元	配当還元	その他	
1	東京地判 平 4.9.1	62.5% （※）	100% （時価）	－	－	▲70% （市場性欠如）	不公正な価額による新株発行で損害を被った既存株主が取締役を被告として提起した損害賠償請求事件
2	大阪高判 平11.6.17	20% （※）	33% （時価）	－	－	66% （類似業種）	違法な新株発行によって損害を被った既存株主が取締役を被告として提起した損害賠償請求事件
3	大阪地判 平15.3.5	3%	66% （時価）	33%	－	－	違法な自己株式の取得により会社に生じた損害に関する代表訴訟

※　割合は、新株発行後の発行済株式総数に対する発行株式数の割合である。

第4章

税務上の時価

　経営承継法評価ガイドラインによれば、税務上の評価方法については次のように解説されるとともに、「国税庁方式」として紹介されています。本章においては、各税法における評価方法の概略、取引等の場面ごとに採用される時価と税務上の取扱いについて解説することにします。

　非上場株式に係る贈与又は相続に際しては、相続税法上、財産の価額は「取得の時における時価」とされているが、課税実務では、財産評価基本通達に基づき評価され、贈与税又は相続税が課されている。この財産評価基本通達に基づく評価方式は、いわば収益方式、純資産方式及び比準方式を併用した評価方式と言える。また、所得税法及び法人税法においても、非上場株式の価額について評価を要することがあるが、所得税基本通達や法人税基本通達では、非上場株式を評価する際に、原則として、比準方式を基本に、当該株式価額を個別に評価することとしており、特例として、財産評価基本通達に基づく方式を一部修正した方式にて算定を行うことも認められている。

（経営承継法評価ガイドライン 15 ページ）

Ⅰ　各税法に定める取引相場のない株式の評価

1．取引相場のない株式の時価

　税務上の時価、すなわち客観的交換価値とは、不特定多数の当事者間で自由な取引が行われる場合に通常成立すると認められる価格をいいますが、これは、自由な競争市場によって形成される価格という意味です。

　しかし、そもそも「取引相場のない」株式なのですから、一般的にそのような市場は存在しません。また、仮に過去に取引が行われていたとしても、親族間売買等の特殊関係者間の取引であることが多く、自由競争市場における第三者間取引とは異なるため、取引事例としては採用することが困難だと思われます。

　このように、取引相場のない株式の価格は市場で形成されず、客観的交換価値を把握することは困難なため、評価の主体が適正な方法で評価する必要が生じます。このため、所得税・法人税・相続税の各基本通達において取引相場のない株式時価の算定方法が定められています。

　なお、各税法の通達によって算定した価格が著しく不合理な場合は、他の合理的な方法によることになります。

2．各税法における評価規定と基本通達の役割

　税法上の取引相場のない株式の評価について、相続税においては評基通178 〜 189 − 7、所得税においては所基通23 〜 35共 − 9及び59 − 6、法人税においては法基通9 − 1 − 13及び9 − 1 − 14に定められています。ただし、所基通及び法基通においては、評基通のような明確な基準は設けられておらず、これを援用する形となっています。

　なお、これらは同じものではありませんので、場面に応じて適切にいずれかの基本通達を選択する必要があります。各税法における取引相場のない株式の評価の目的は次のとおりです。

相続税法	相続・贈与における財産評価
所得税法	株式の発行法人から株式を取得する権利を与えられた場合において、収入金額とすべき価額の算定
法人税法	資産の評価替え

　評基通は、相続・贈与における財産評価の基準となります。

　所基通や法基通に定める評価方法は、直接的には取引相場のない株式の売買価額を算定するためのものではありませんが、同族関係者間で取引相場のない株式の売買を行う際の取引価額のメルクマールとされるものです。

　所基通や法基通に定める取引相場のない株式の評価は、原則として、発行法人又は類似法人の売買実例がある場合には、その実例に基づいて評価されますが、通常は適切な売買実例がないことが多いため、一定の条件の下に、評基通によることとされています。

　売買の場面においては、上記のどの通達を適用すべきかは、売主と買主が個人か法人かによって異なってきます。したがって、取引相場のない株式を評価する場合には、取引当事者に応じて税法の基本通達を選定しなければなりません。

Ⅱ　相続税法上の評価

　相続税、贈与税の課税価格計算のための財産評価は、評基通によります。

　同通達前文に「相続税及び贈与税の課税価格計算の基礎となる財産の評価に関する基本的な取扱いを下記のとおり定めたから、法令に別段の定めがあるもの及び別に通達するものを除き、昭和39年1月1日以後に相続、遺贈又は贈与により取得した財産については、これにより取り扱われたい。」とあります。「財産」は多種多様であって、その評価も容易ではありませんから、各財産の評価方法が具体的に同通達に定められ、取扱いが統一されています。

　なお、相続税についての評価方法の詳細については、第5章をご覧ください。

1．取引相場のない株式の実態

　取引相場のない株式とは、上場株式及び気配相場等のある株式以外の株式であり、大部分の会社の株式がこれに該当します。

　取引相場のない株式は、証券市場における市場取引又は証券会社の店頭取引のように、同種のものが大量、かつ、継続的に取引された結果形成される市場価格を有するものではありません。仮に、取引事例がみられる場合でも、それは特定の当事者間あるいは特別の事情で取引されることが多く、その取引価格を客観的な交換価値すなわち相続税評価額として、株式評価に採用することは適当ではありません。

　また、取引相場のない株式の発行会社の規模は様々であり、その株主も、会社の所有者ともいうべき株主から、従業員株主などのような少数株主まで様々です。

　このような状況から、取引相場のない株式を画一的な1つの方法のみによって評価することは適当でないので、それぞれの実態に即した評価を行うこととされているのです。

2．会社の規模に応じた原則的評価方式

　取引相場のない株式の価額は、評価会社の規模に応じて、それぞれの会社に適用すべき評価方式を次のように定めています（評基通178、179）。

⑴　上場会社に匹敵するような大会社の株式は、上場会社の株式の評価との均衡を図ることが合理的ですから、原則として、「類似業種比準方式」により評価します。

⑵　個人事業者とそれほど変わるところがない小会社の株式は、個人事業者の財産評価と

の均衡を図ることが合理的ですから、原則として、「純資産価額方式」により評価します。

⑶　大会社と小会社との中間にある中会社の株式については、大会社の評価方式と小会社の評価方式との「併用方式」によって評価します。

３．少数株主等に係る特例的な評価方式

株主のなかでも事業経営への影響度の少ない同族株主の一部や従業員株主などが株式を所有する場合には、実質的には、単に配当を期待するにとどまるほか、評価手続の簡便性をも考慮して、前述した原則的評価方式である「類似業種比準方式」や「純資産価額方式」に代えて、特例的な評価方式である「配当還元方式」により評価します（評基通178ただし書）。

４．特定の評価会社の株式の評価

取引相場のない株式の発行会社の中には、業績は悪いながらも事業を継続している会社や資産の保有状況、営業の状態等が特異な会社があり、一般の取引相場のない株式と同じ方法でその株式を評価することは適当でないものがあります。このため、このような会社の株式を「特定の評価会社の株式」として、一般の取引相場のない株式とは別に、純資産価額方式等によって評価することとされています（評基通178ただし書）。

◆整理図表

区　　分	評価方式	原則的評価方式	特例的評価方式
一般の評価会社	大　　会　　社	類似業種比準方式（純資産価額方式との選択可）	（同族株主以外の株主又は少数株主が取得した場合） 配当還元方式
	中　　会　　社	類似業種比準方式と純資産価額方式との併用方式 （類似業種比準価額について純資産価額方式を選択可）	
	小　　会　　社	純資産価額方式（併用方式を選択可）	
特定の評価会社	比準要素数1の会社	純資産価額方式（併用方式（Lの割合0.25）との選択可）	
	株式保有特定会社	純資産価額方式（「S_1+S_2」方式との選択可）	
	土地保有特定会社	純資産価額方式	
	開業後3年未満の会社等	純資産価額方式	
	開業前又は休業中の会社	純資産価額方式	
	清 算 中 の 会 社	清算分配見込額の複利現価による評価方式	

Ⅲ 所得税法上の評価及び法人税法上の評価

1．所得税法

(1) 通達の概要

　所得税法では、所基通23 ～ 35共－９において、株式の発行法人から株式等を取得する権利を与えられた場合に、収入金額とすべき権利行使時のその株式の価額を定め、同通達59－６においては、同法59条に規定するみなし譲渡の適用に当たって、譲渡所得の基因となる資産が株式等である場合の「その時における時価」を同通達23 ～ 35共－９に準じて算定した価額によると定めています。

　これらの通達によると、取引相場のない株式の評価は、次の図のように整理されますが、実務上の多くは④によることになるでしょう。

区分	評価方法
①　売買実例のあるもの	最近において売買の行われたもののうち適正と認められる価額
②　公開途上にある株式で、当該株式の上場又は登録に資して株式の公募等が行われるもの（①に該当するものを除く）。	金融商品取引所又は日本証券業協会の内規によって行われるブックビルディング方式又は競争入札方式のいずれかの方式により決定される公簿等の価格等を参酌して通常取引されると認められる価額
③　①以外で、その株式の発行法人と事業の種類、規模、収益の状況が類似する他の法人の価額があるもの	当該価額に比準して推定した価額
④　①～③までに該当しないもの	その株式の発行法人の１株又は１口当たりの純資産価額等を参酌して通常取引されると認められる価額

　ただし、高額譲渡や低額譲渡の判定に際して、その取引が純粋な第三者間で行われている場合には、上の表によることはなく、その取引価額を以て時価と判定します（法人税法においても同様です。）。

(2) 評基通との関係

　上記(1)の表の④の「その株式の発行法人の１株又は１口当たりの純資産価額等を参酌して通常取引されると認められる価額」は、評基通178 ～ 189－７までの例によって定められた価額とされていますが、次の点が異なることに注意が必要です。

イ　評価方法の判定時点

「同族株主」に該当するか否かの判定は、株式の譲渡、贈与直前の議決権数により判定します。

※　同族株主→69ページ参照

ロ　株主が「中心的な同族株主」に該当する場合

株主が「中心的な同族株主」に該当するときは、その株式の発行会社は常に「小会社」に該当するものとして評価します。

※　中心的な同族株主→70ページ参照

ハ　土地、有価証券等の取扱い

純資産価額の計算上、土地及び土地の上に存する権利、上場有価証券については時価によって評価します。相続税評価によるのではありません。

※　純資産価額→98ページ参照

ニ　評価差額に対する法人税額等相当額

純資産価額の計算に当たって、評価差額に対する法人税額等相当額は控除しません。

2．法人税法

法人税法では、資産の評価替えによる評価損益の計上基準として、期末時価の算定を目的とした上場有価証券以外の株式の価額を定めています。

法基通9－1－13及び9－1－14における取引相場のない株式の評価は、所得税法上のものと概ね同様ですが、次の点が異なります。

(1)　表現

評基通の例による評価について、所基通59－6は「原則として……評価する」とされているところ、法基通9－1－14においては「課税上弊害のない限り……これを認める」とされています。

(2)　売買実例のあるもの

上記1の(1)の①「売買実例のあるもの」は、所得税では「最近に」となっている部分が「6か月以内」となっています。

(3)　株主区分の判定時期

所基通59－6においては、株主区分の判定は、株式の譲渡前の議決権数により判定すると定められているところ、法基通9－1－14においては特段の定めがありません。このため、法人税法上は、評基通188等に準じて、譲渡後の議決権数によることとなります。

なお、法基通においては「同族判定」に関する定めもありません。

Ⅳ　個人が売主の場合の時価と譲渡の取扱い

1．個人間で売買する場合

(1)　株主区分による時価の相違

　個人は、必ずしも営利を目的として取引するわけではありませんから、個人間で取引相場のない株式を低額で売買したとしても、所得税法上は時価を基準とした課税関係が生じることは通常ありません。しかし、買主側においては、取引価額が時価より低額であれば、その差額について贈与税が課税されることになります。

　したがって、個人株主から個人へ取引相場のない株式を譲渡する場合の売主は、相続税法上の時価が適用されることになります。相続税法上の時価ですので、同族株主の判定時期は取引後になります。すなわち、取引後に同族株主となる場合は原則的評価額、それ以外の株主となる場合は特例的評価による価額になります。

　同様に、買主である個人も相続税法上の時価が適用され、取引後に同族株主となる場合は原則的評価額、それ以外の株主となる場合は特例的評価による価額になります。

　このように、個人間においては、相続税法上の時価を目安に取引を行うことになります。参考に、パターン別の評価額を例示すれば下表のようになります。

パターン①		株主の区分	評価額	評価方法
売主	個人	同族株主等	1,000円	原則的評価
買主	個人	同族株主等	1,000円	原則的評価
パターン②		株主の区分	評価額	評価方法
売主	個人	その他の株主等	200円	特例的評価
買主	個人	その他の株主等	200円	特例的評価
パターン③		株主の区分	評価額	評価方法
売主	個人	同族株主等	1,000円	原則的評価
買主	個人	その他の株主等	200円	特例的評価
パターン④		株主の区分	評価額	評価方法
売主	個人	その他の株主等	200円	特例的評価
買主	個人	同族株主等	1,000円	原則的評価

〈仮定〉原則的評価額1,000円（＝純資産価額とする）

　　　　特例的評価額200円

※　パターン③、④のように、売主と買主の評価方法が異なっているときは、原則的評価額で取引を行えば、税務上の問題は発生しないと思われます。

(2)　低額譲渡の課税関係

　イ　売主個人

　　　低額譲渡が行われた場合、売主である個人は、実際の譲渡価額を収入金額とし、取得費等との差額について譲渡所得課税されます（所法33、措法37の10）。

　　　個人間の譲渡において、譲渡価額が時価の2分の1未満であっても、いわゆる「みなし譲渡」課税はありませんが、その結果生じた譲渡損失はなかったものとみなされます（所法59②）。

　ロ　買主個人

　　　低額譲受の場合には、相続税評価額と取引価額との差額について贈与税課税がなされます（相法7）。

　　　(1)の表のパターン④のケースで、特例的評価による200円で取引するような場合です。

(3)　高額譲渡の課税関係

　イ　売主個人

　　　高額譲渡が行われた場合には、所得税法上の時価を収入金額とし、取得費等との差額について譲渡所得課税されるとともに、譲渡価額と時価との差額に対して贈与税が課税されます（相法9）。

　ロ　買主個人

　　　課税関係は生じません。

2．個人から法人へ売却する場合

(1)　株主区分による時価の相違

　個人から法人に取引相場のない株式を売却する場合、売主である個人には所得税法上の時価が適用され、買主側の法人には法人税法上の時価が適用されますが、この項においては、売買実例等がない場合で、評基通が準用される場合を前提に解説します。

　その際、同族株主等の判定は、次のように行います。

　イ　売主個人

　　　取引直前の議決権の状況を基準として、同族株主等である場合は原則的評価額、それ以外の株主等である場合には特例的評価額を時価として採用します。

ロ　買主法人

　　取引後の議決権の状況を基準として、同族株主等である場合は原則的評価額、それ
以外の株主等である場合には特例的評価額を時価として採用します。

パターン別の評価額を例示すれば下表のようになります。

パターン①		株主の区分	評価額	評価方法
売主	個人	同族株主等	1,000円	原則的評価
買主	法人	同族株主等	1,000円	原則的評価
パターン②		株主の区分	評価額	評価方法
売主	個人	その他の株主等	200円	特例的評価
買主	法人	その他の株主等	200円	特例的評価
パターン③		株主の区分	評価額	評価方法
売主	個人	同族株主等	1,000円	原則的評価
買主	法人	その他の株主等	200円	特例的評価
パターン④		株主の区分	評価額	評価方法
売主	個人	その他の株主等	200円	特例的評価
買主	法人	同族株主等	1,000円	原則的評価

〈仮定〉原則的評価額1,000円（＝純資産価額とする）
　　　　特例的評価額200円

※１　パターン③について

　　売主側の時価が原則的評価額で買主側の時価が特例的評価額なので開差があります。この場合には、
次ような理由で、500円〜1,000円の間の価格で売買すれば、売買当事者双方に税務上の不利益は生じ
ないと思われます。

　　売主：譲渡価額が２分の１未満の場合、時価を収入金額として譲渡所得が発生します（所法59、所令
　　　　　169）。いわゆるみなし譲渡です。このため、売主の譲渡価額の最低ラインは500円になります。

　　買主：法人は営利目的で取引すると考えられていますから、買主法人については時価を基準として
　　　　　課税されることになります。このため、時価よりも高額で株式を譲り受けた場合には、時価
　　　　　を超える部分について、寄附金や役員給与の問題が発生します。

　　　　　しかし、表の場合はあくまで特例的な評価であるため、原則的評価額1,000円を上回らなけれ
　　　　　ば寄附金課税等の問題は発生しないと考えてよいと思われます。

※２　パターン④について

　　売主側の時価が特例的評価額で買主側の時価が原則的評価額なので開差がありますが、この場合に
は、買主である法人の時価1,000円で取引すれば、売買当事者双方に税務上の不利益は生じないことに
なります。

(2)　低額譲渡の課税関係

イ　売主個人

低額譲渡が行われた場合、譲渡価額が時価の2分の1以上であれば、実際の譲渡価額を収入金額として、譲渡所得課税されます。

時価を収入金額とする「みなし譲渡」課税は原則としてありませんが、同族会社の行為計算の否認がなされたときはこの限りではありません（所基通59－3）。

これに対して、譲渡価額が時価の2分の1未満の場合は、時価を収入金額として「みなし譲渡」課税されることになります。

ロ　買主法人

低額譲受が行われた場合、時価と譲受価額の差額について、受贈益として法人税課税されます（法法22）。

ハ　買主法人の株主

同族会社に対し、著しく低い価額で資産の譲渡があった場合で、その譲渡によって同族会社の株式の相続税評価額が増加したときは、売主個人から買主法人の株主に対して、増加した株式の相続税評価額に相当する贈与があったものとして贈与税課税されることになります（相法9、相基通9－2）。

(3)　高額譲渡の課税関係

イ　売主個人

高額譲渡が行われた場合には、所得税法上の時価を収入金額とし、取得費等との差額について譲渡所得課税されるとともに、譲渡価額と時価との差額に対して給与所得又は一時所得として課税されます。

ロ　買主法人

時価と譲受価額との差額について、寄附金又は給与所得課税されることになります。

アドバイス

●個人から発行法人への自己株式の譲渡

イ　売主個人

　個人株主が取引相場のない株式を発行法人に譲渡した場合、譲渡対価のうち、資本金等の額を超える部分は、「みなし配当」として課税され、時価からみなし配当金額を控除した金額で譲渡したものとして、譲渡益を計算します。

　譲渡価額が時価よりも高額な場合は、その差額が一時所得又は給与所得として課税されます。

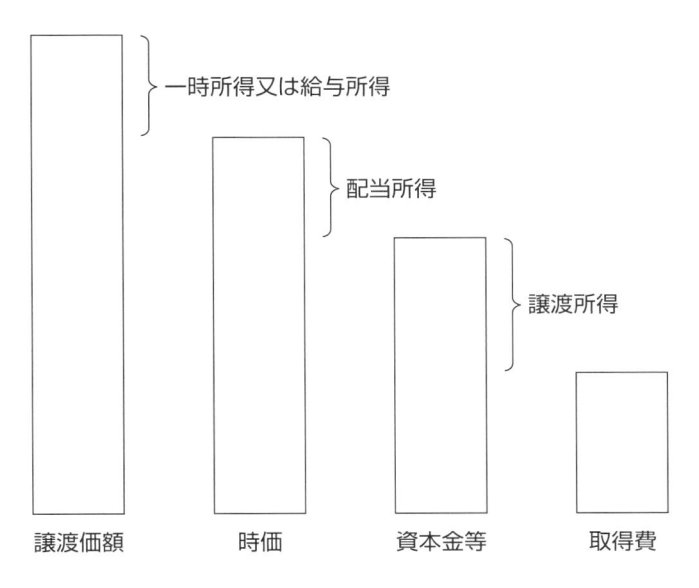

ロ　買主法人

　原則的には、自己株式の取得は資本等取引ですから、課税関係は生じません。

　しかし、利益移転を目的とした取引であるときは、自己株式の取得を損益取引と資本等取引の混合であると認定されます。この場合には、譲渡価額と時価との差額について、寄附金課税や給与所得課税が行われます。

　（法法22②・⑤、法令８①二十、９①十四、法法36、37）

Ⅴ　法人が売主の場合の時価と譲渡の取扱い

1．法人から個人へ売却する場合

(1)　株主区分による時価の相違

　法人から個人に取引相場のない株式を売却する場合、売主である法人には法人税法上の時価が適用され、買主側の個人には所得税法上の時価が適用されますが、この項においては、売買実例等がない場合で、評基通が準用される場合を前提に解説します。

　その際、同族株主等の判定は、次のように行います。

イ　売主法人

　　取引後の議決権の状況を基準として、同族株主等である場合は原則的評価額、それ以外の株主等である場合には特例的評価額を時価として採用します。

ロ　買主個人

　　このケースの場合には、取引後の議決権の状況を基準として、同族株主等である場合は原則的評価額、それ以外の株主等である場合には特例的評価額を時価として採用します。

　　ここで、所基通59－6の定めにかかわらず、取引後の議決権の状況を基準としているのは、同通達があくまでも売主側の時価の算定方法を定めた通達であるため、買主側の時価の算定に当たっては、合理的ではないと考えられるからです。

　パターン別の評価額を例示すれば次の表のようになります。

パターン①		株主の区分	評価額	評価方法
売主	法人	同族株主等	1,000円	原則的評価
買主	個人	同族株主等	1,000円	原則的評価
パターン②		株主の区分	評価額	評価方法
売主	法人	その他の株主等	200円	特例的評価
買主	個人	その他の株主等	200円	特例的評価
パターン③		株主の区分	評価額	評価方法
売主	法人	同族株主等	1,000円	原則的評価
買主	個人	その他の株主等	200円	特例的評価
パターン④		株主の区分	評価額	評価方法
売主	法人	その他の株主等	200円	特例的評価
買主	個人	同族株主等	1,000円	原則的評価

〈仮定〉原則的評価額1,000円（＝純資産価額とする）
　　　　特例的評価額200円

※1 パターン③について

　　売主側の時価が原則的評価額で買主側の時価が特例的評価額なので開差があります。この場合には、次ように考えて、1,000円で売買すれば、売買当事者双方に税務上の不利益は生じないと考えられます。

　　売主：法人は営利目的で取引すると考えられていますから、時価を基準に法人税課税されます（法法22）。このため、売主法人が不利益を受けない価額は、時価の1,000円になります。

　　買主：買主個人が時価未満で株式を譲り受けると、法人から利益を得たものとして時価未満の部分に対して所得税課税されます。したがって、買主個人が不利益を受けない価額は、時価の200円以上になります。

※2 パターン④について

　　売主側の時価が特例的評価額で買主側の時価が原則的評価額なので開差がありますが、この場合には、売主は通常の譲渡益に対する課税が生じるに過ぎません。したがって、買主である個人の時価1,000円で取引すれば、売買当事者双方に税務上の不利益は生じないことになります。

(2)　低額譲渡の課税関係

イ　売主法人

　　低額譲渡が行われた場合で、時価が帳簿価額を超えるときは、時価と帳簿価額の差額について譲渡益が認識され、法人税課税されます。このとき、時価と譲渡価額との差額については、寄附金又は給与として課税関係が生じます（法法34、37）。

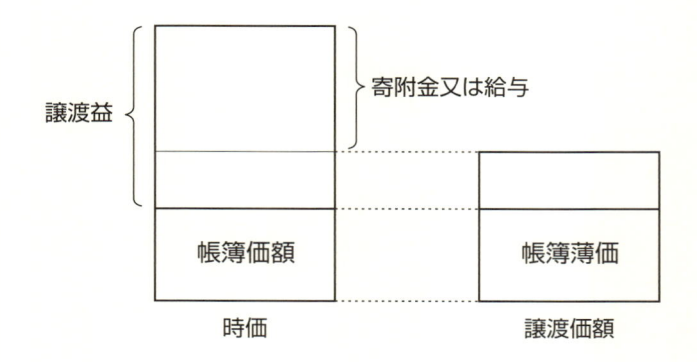

ロ　買主個人

　　低額譲受が行われた場合、時価と譲受価額との差額について、給与所得又は一時所得として所得税課税されます。

(3) 高額譲渡の課税関係

イ　売主法人

　　高額譲渡が行われた場合で、時価が帳簿価額を超えるときは、その差額について譲渡益が認識されるとともに、時価と譲渡価額との差額については受贈益が認識されて法人税課税がなされます。

　　なお、受贈益が認識されることによって、売主法人の株価が上昇する場合には、買主個人から売主法人の株主に対して、上昇した株価に相当する価額について贈与税課税される可能性があります（相基通9－2）。

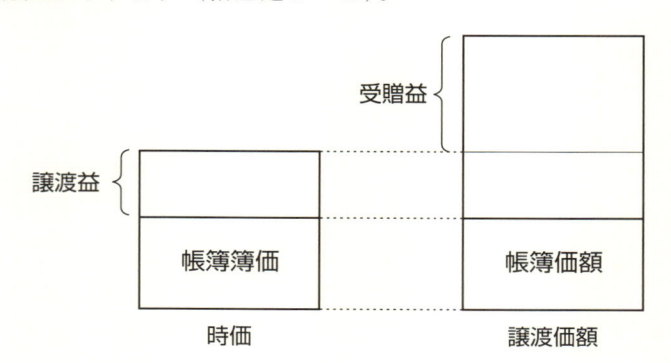

ロ　買主個人

　　高額譲受の場合、課税関係は生じません。

　　ただし、原則的評価を超えて譲り受けた場合には、時価との差額部分は給与等とされるので、譲渡する場合の譲渡所得の計算に際して、取得価額に算入されない可能性があります。

２．法人間で売買する場合

(1) 株主区分による時価の相違

　法人間で取引相場のない株式を売買する場合、当事者双方とも法人税法上の時価が採用されます。適正な売買事例等がない場合には、売買当事者双方ともに、取引後の議決権の状況を基準として、同族株主等となる場合は原則的評価額が、それ以外の株主等となる場合は特例的評価額が税務上の時価になります。

　パターン別の評価額を例示すれば下表のようになります。

パターン①		株主の区分	評価額	評価方法
売主	法人	同族株主等	1,000円	原則的評価
買主	法人	同族株主等	1,000円	原則的評価
パターン②		株主の区分	評価額	評価方法
売主	法人	その他の株主等	200円	特例的評価
買主	法人	その他の株主等	200円	特例的評価
パターン③		株主の区分	評価額	評価方法
売主	法人	同族株主等	1,000円	原則的評価
買主	法人	その他の株主等	200円	特例的評価
パターン④		株主の区分	評価額	評価方法
売主	法人	その他の株主等	200円	特例的評価
買主	法人	同族株主等	1,000円	原則的評価

〈仮定〉原則的評価額1,000円（＝純資産価額とする）
　　　　特例的評価額200円

※１ パターン③について

　　売主側の時価が原則的評価額で買主側の時価が特例的評価額なので開差があります。この場合には、次ように考えて、1,000円で売買すれば、売買当事者双方に税務上の不利益は生じないと考えられます。

　　売主：法人は営利目的で取引すると考えられていますから、時価を基準に法人税課税されます（法法22）。このため、売主法人が不利益を受けない価額は、時価の1,000円になります。

　　買主：法人は営利目的で取引すると考えられていますから、買主法人についても時価を基準として課税されることになります。このため、時価よりも高額で株式を譲り受けた場合には、時価を超える部分について、寄附金や役員給与の問題が発生します。

　　　　しかし、表の場合はあくまで特例的な評価であるため、原則的評価額1,000円を上回らなければ寄附金課税等の問題は発生しないと考えてよいと思われます。

※2パターン④について

　売主側の時価が特例的評価額で買主側の時価が原則的評価額なので開差がありますが、この場合には、売主は通常の譲渡益に対する課税が生じるに過ぎません。したがって、買主である法人の時価1,000円で取引すれば、売買当事者双方に税務上の不利益は生じないことになります。

(2)　低額譲渡の課税関係

イ　売主法人

　低額譲渡が行われた場合で、時価が帳簿価額を超えるときは、時価と帳簿価額との差額について譲渡益が認識され、法人税課税されます。このとき、時価と譲渡価額との差額については、寄附金として課税関係が生じます（法法37、平成11年2月8日裁決）。

→平成11年2月8日裁決の趣旨は、137ページ参照

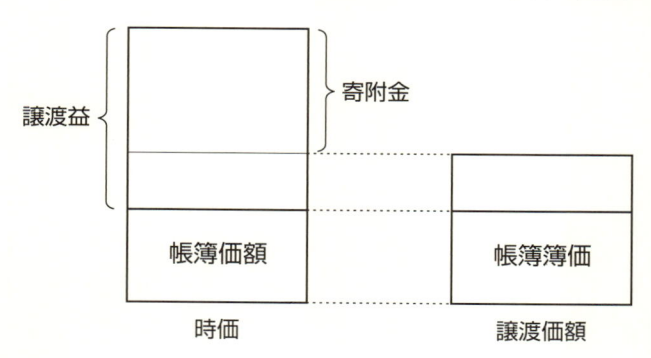

ロ　買主法人

　低額譲受の場合は、時価と譲受価額との差額について、受贈益として法人税課税されます（法法22、平成14年5月21日裁決、65ページ参照）。

(3)　高額譲渡の課税関係

イ　売主法人

　高額譲渡が行われた場合で、時価が帳簿価額を超えるときは、時価と帳簿価額の差額について譲渡益が認識されるとともに、時価と譲渡価額の差額については受贈益が認識されて法人税課税がなされます。

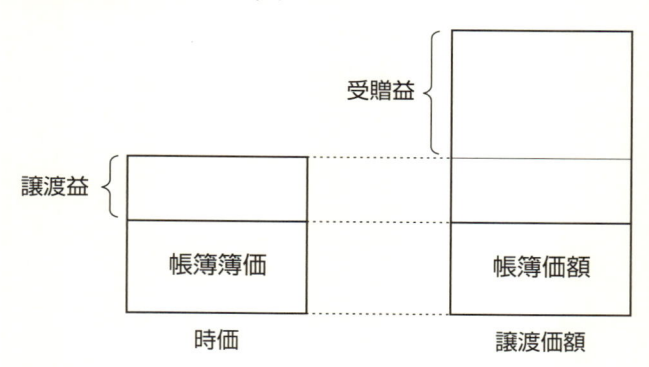

　ロ　買主法人

　　高額譲受が行われた場合には、時価と譲受価額の差額は寄附金として法人税課税が

なされます。

【参考裁決：平成 14 年 5 月 21 日裁決**】**

法人買主の譲受株式の時価と譲受価額との差額と受贈益

〈要旨〉

　請求人は、相続税法第 7 条及び所得税基本通達40－2 の取扱いを引用し、本件株式の時価と譲受価額との差額は「著しく低い」に該当しないから、受贈益が発生しない旨主張する。

　しかしながら、法人がある資産を時価より低額で譲受けた場合、時価と譲受価額との差額については無償による財産の取得があったものと考えられ、これを放置することは租税負担の公平を失することになるから、その差額について、法人税法第22条第 2 項により各事業年度の所得の計算上益金の額に算入すべきであり、この点において、法人税法と相続税法等との間に考え方の差異があるとしても、各々の租税の性質、目的等が異なる以上、やむを得ないものである。

　したがって、本件株式の時価と譲受価額との差額を益金の額に算入した原処分は、相当である。

第5章
相続税評価の概要と株価対策のヒント

　経営承継法における「後継者」(注)は株式を贈与等により取得することが要件となっているため、通常の場合は、贈与税計算のため評基通による評価を行うことになります。

　また、平成30年の税制改正において特例事業承継税制がスタートし、自社株式の納税猶予制度が拡充され、使いやすくはなったといわれていますが、だからといって自社株式の評価減等の対策が不必要になったわけではありません。

　納税猶予が適用される株式であっても、贈与者の死亡時には相続財産とみなされるのですから、その株価の高低が相続税の総額に跳ね返り、後継者以外の相続税額に影響するからです。

　後継者は、納税の猶予を受ければそれで済みますが、そのために高額の相続税を支払わなければならなくなる非後継者の納得を得るようにしておかなければなりません。事業承継税制は、親族外の後継者にも納税の猶予を認めるのですから、この場合は、なおさらのことでしょう。

　このようなことから、本章においては、株式評価方法のうち、評基通の取扱いの概略について、株価対策のヒントを交えながら解説していきます。

（注）遺留分に関する民法の特例制度を利用できる後継者（経営承継法第3条第3項）

Ⅰ　株主の属性による評価方法の相違

1．株主区分に応じた評価方法

　取引相場のない株式を所有している株主には、同族オーナーとして会社を支配している株主もいれば、従業員株主、少数株主のように実質的に配当を期待するだけの株主も存在します。このため、株主の属性によって株式の価値も異なることになります。そこで、会社支配権に影響を及ぼすことができるか否か、その影響力の大小によって評価方法も異なります。すなわち、承継する者の承継後の株式の議決権割合によって評価方法が異なるのです。

チェックポイント

遺産が未分割である場合の議決権割合の判定に当たって、基礎となる「株式取得後の議決権の数」は、各相続人ごとに、所有する株式数にその未分割の株式数の全部を加算した数に応じた議決権数とします。

→国税庁ホームページ質疑応答事例参照

⑴　会社支配に影響力の大きい株主の場合（原則的評価方式）

　議決権割合が高く、会社支配に影響力を及ぼす同族株主が取得した株式は、原則的評価方式によることとなり、一般的には、影響力の少ない株主が取得した場合よりもかなり高額な評価になります。

　原則的評価方式とは、類似業種比準方式又は純資産価額方式、若しくはそれらの併用方式となります。

　併用方式の場合、会社規模によって、類似業種比準価額と純資産価額の配分が異なります。

⑵　会社支配に影響力の小さい株主の場合（特例的評価方式）

　議決権割合が低く、配当を期待するのみで、特に会社に対する影響力を及ぼすことができない株主が取得した株式は、特例的な評価方式である配当還元方式によることとなり、一般的には、影響力の大きい同族株主が取得した場合よりもかなり低額な評価になります。

　配当還元方式においては、評価の簡便性を考慮し、配当率を利回りとしてとらえた価額により評価します。

　具体的には、年配当金額を10％の還元率で割り戻して計算します。

２．同族株主の判定

(1)　同族株主（評基通 188(1)）

　課税時期における評価会社の株主のうち、株主の１人及びその同族関係者(注)の有する議決権の合計数が、その会社の議決権総数の30％以上である場合におけるその株主及びその同族関係者をいいます。この場合の「株主の１人」とは、納税義務者に限りません。

　この場合において、その評価会社の株主のうち、株主の１人及びその同族関係者の有する議決権の合計数のうち最も多いグループの有する議決権の合計数が、その会社の議決権総数の50％超である会社については、50％超のその株主及び同族関係者をいいます。

　(注)　**同族関係者**
　　　　親族（配偶者、６親等内の血族、３親等内の姻族）、特殊関係のある個人（内縁関係にある者等）及び特殊関係にある会社（子会社、孫会社等）をいいます。

アドバイス

●同族株主の判定

【設例】

　甲株式会社の株主の議決権割合は次のとおりであるが、甲株式会社の株式を評価する上で、甲株式会社は、同族株主のいる会社となるか。

答　　株主Ａが同族株主であるため、甲株式会社は「同族株主のいる会社」となります。

　株主Ａとその同族関係者であるＣ社（株主Ａが50％超の議決権を有している。）が合わせて50％超（40％＋20％）の議決権を有しているＢ社は、株主Ａの同族関係者となります。したがって、株主Ａとその同族関係者であるＢ社が所有する議決権割合は30％以上（25％＋10％）となります。

(2)　**中心的な同族株主**（評基通 188（2））

　課税時期において、同族株主の１人並びにその株主の配偶者・直系血族・兄弟姉妹及び１親等の姻族の有する議決権の合計数が、その会社の議決権数の25％以上である場合におけるその株主をいいます。

(3)　**中心的な株主**（評基通 188（4））

　同族株主のいない会社の株主で、課税時期において株主の１人及びその同族関係者の有する議決権の合計数がその会社の議決権総数の15％以上である株主グループのうち、いずれかのグループに単独でその会社の議決権総数の10％以上の議決権を有している株主がいる場合におけるその株主をいいます。

(4)　**議決権総数等の算定**

　評価上の株主区分を判定（評基通188（1）～（4））する際の「議決権の数」及び「議決権総数」の算定に当たっては、次の点に留意する必要があります。

　イ　評価会社が自己株式を有する場合

　　　評価会社が自己株式を有している場合には、自己株式に係る議決権の数を０として計算した議決権の数をもって評価会社の議決権総数とします（評基通188－３）。

　ロ　議決権を有しないこととされる株式がある場合

　　　評価会社の株主のうちに会社法第308条第１項の規定により評価会社の株式につき「議決権を有しないこととされる会社」がある場合は、当該会社の有する評価会社の議決権の数は０として計算した議決権の数をもって評価会社の議決権総数となります（評基通188－４）。

　ハ　種類株式がある場合

　　　評価会社が会社法第108条第１項に規定する内容の異なる種類の株式（種類株式）を発行している場合における議決権の数又は議決権総数の判定に当たっては、種類株式のうち「株主総会の一部の事項について議決権を行使できない株式」に係る議決権の数を含めるものとします（評基通188－５）。

【国税庁ホームページ質疑応答事例】

同族株主がいない会社の株主の議決権割合の判定

＜照会趣旨＞

　甲社は同族株主のいない会社ですが、その株主であるA及びその親族が所有する甲社の株式数に応じた議決権割合は図のとおりであり、他の株主にこれらの者の同族関係者はいません。

　Aが死亡し、甲社株式をAの配偶者Bが相続したときには、その株式はどのように評価することとなりますか。

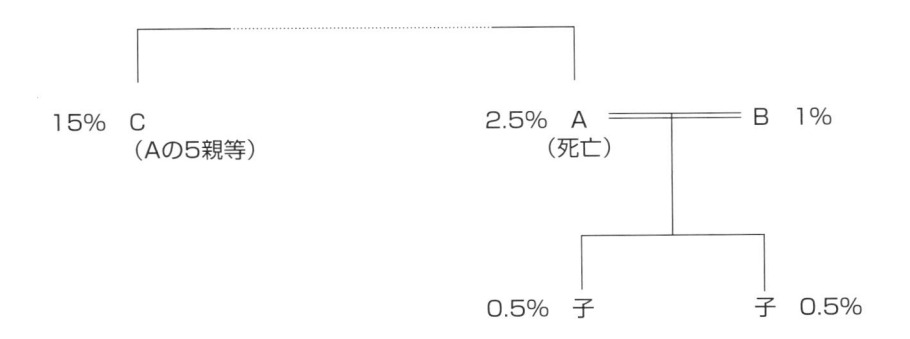

<＜回答要旨＞

　財産評価基本通達188（同族株主以外の株主等が取得した株式）(3)に定める株式に該当し、配当還元方式により評価することとなります。

（理由）

　財産評価基本通達188(3)では、「その株主の取得した株式」とあることから、Bが取得したときには、CはBの親族（配偶者、6親等内の血族及び3親等内の姻族）に当たらず、「株主の1人及びその同族関係者の有する議決権の合計数」が15％未満となるため、財産評価基本通達188(3)に定める株主に該当することとなり、財産評価基本通達188－2（同族株主以外の株主等が取得した株式の評価）の定めにより配当還元方式により評価することとなります。

(注)　子のいずれかがAの株式を相続した場合には、Cが6親等内の血族に当たるので、子は、議決権割合の合計が15％以上のグループに属しますが、Cが中心的な株主であり、かつ、子の相続後の議決権割合が5％未満であることから、その子が役員又は法定申告期限までに役員となる者でない限り、配当還元方式が適用されることとなります。

＜関係法令通達＞

　財産評価基本通達188(3)、188－2

　法人税法施行令第4条

　民法第725条

【国税庁ホームページ質疑応答事例】

同族会社が株主である場合

＜照会趣旨＞

　甲の有するA社株式の評価方式の判定に当たり、事例のようにA社の株主となっているB社がある場合、B社は株主甲の同族関係者となるでしょうか。

（事例）

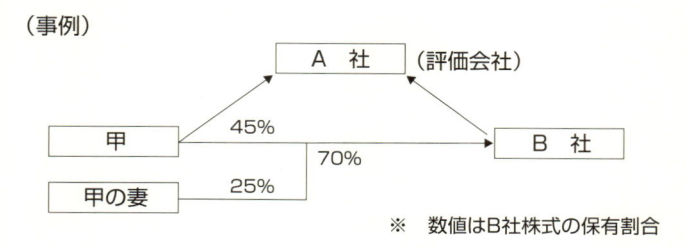

※　数値はB社株式の保有割合

＜回答要旨＞

　B社の発行済株式の総数の50%超の株式を株主甲及びその同族関係者が所有しているので、評価会社A社の株式の評価上、B社は株主甲の同族関係者となります。

（理由）

　評価会社A社の株式を評価する場合において、甲が株主となっているB社が株主甲の同族関係者となるかどうかは、法人税法施行令第4条により、甲及びその同族関係者がB社を支配しているかどうかにより判定します。

　この場合、「B社を支配しているかどうか」は、次により判定します。

1　B社の発行済株式の総数（自己株式を除く。）の50%超の数の株式を有する場合

2　B社の次に掲げる議決権のいずれかにつき、その総数（当該議決権を行使することができない株主が有する当該議決権の数を除く。）の50%超を有する場合

　(1)　事業の全部若しくは重要な部分の譲渡、解散、継続、合併、分割、株式交換、株式移転又は現物出資に関する決議に係る議決権

　(2)　役員の選任及び解任に関する決議に係る議決権

　(3)　役員の報酬、賞与その他の職務執行の対価として会社が供与する財産上の利益に関する事項についての決議に係る議決権

　(4)　剰余金の配当に関する決議に係る議決権

　事例の場合には、甲及びその同族関係者（甲の妻）が有するB社の株式数が、発行済株式の総数の50%超となることから、B社は甲の同族関係者となります。

＜関係法令通達＞

　財産評価基本通達188⑴　法人税法施行令第4条　法人税基本通達1－3－5

アドバイス

●**投資育成会社が株主である場合**

　評価会社の株主のうちに投資育成会社があるときは、次によることとなります（評基通188－6）。

　イ　投資育成会社が同族株主に該当し、かつ、当該投資育成会社以外に同族株主に該当する株主がいない場合には、当該投資育成会社は同族株主に該当しないものとします。

　ロ　投資育成会社が、中心的な同族株主又は中心的な株主に該当し、かつ、当該投資育成会社以外に中心的な同族株主又は中心的な株主に該当する株主がいない場合には、当該投資育成会社は中心的な同族株主又は中心的な株主に該当しないものとします。

　ハ　上記イ及びロにおいて、評価会社の議決権総数からその投資育成会社の有する議決権の数を控除した数をその評価会社の議決権総数とした場合に同族株主に該当することとなる者があるときは、その同族株主に該当することとなる者以外の株主が取得した株式については、上記イ及びロにかかわらず、「同族株主以外の株主等が取得した株式」に該当するものとします。

（注）　上記ハの「議決権総数」及び「議決権の数」には、評基通188－5の「株主総会の一部の事項について議決権を行使できない株式に係る議決権の数」を含めます。

Ⅱ 同族株主の有無による株式評価方法の相違

1．同族株主の有無による評価方式の整理

同族株主の有無を基準に、評価される採用方式を表にまとめると次のとおりです。

(1)　同族株主がいる場合の評価方式

株主の態様				評価方式
同族株主	取得後の議決権割合が5％以上の株主			原則的評価方式 （類似業種比準方式 又は純資産価額方式、 若しくは併用方式）
	取得後の議決権割合が5％未満の株主	中心的な同族株主がいない場合		
		中心的な同族株主がいる場合	中心的な同族株主	
			役員又は役員予定者	
			その他の株主	特例的評価方式 （配当還元方式）
同族株主以外の株主				

株価対策のヒント

●**株主区分に着目した株価対策(1)**

　(1)の表をみると、同族株主であっても①他に中心的な同族株主がいてその者が中心的な同族株主でなく、②相続又は贈与により株式を取得した後の議決権割合が5％未満で、かつ③役員でなければ、原則的評価方式でなく、配当還元方式を適用することが可能です。

　この点に着目すると、遺産分割の方法によって株価が下がることを利用できるケースがあるということです。

　また、従業員持株会への売買価額も、特例的評価方式でよいと考えられます。

(2)　同族株主がいない場合の評価方式

株主の態様				評価方式
議決権の割合の合計が15％以上の株主グループに属する株主	取得後の議決権割合が５％以上の株主			原則的評価方式（類似業種比準方式又は純資産価額方式、若しくは併用方式）
	取得後の議決権割合が５％未満の株主	中心的な株主がいない場合		
		中心的な株主がいる場合	役員又は役員予定者	
			その他の株主	特例的評価方式（配当還元方式）
議決権割合の合計が15％未満の株主グループに属する株主				

2. 中心的な同族株主

　先にも触れましたが、「中心的な同族株主」とは、課税時期において、同族株主の１人並びにその株主の配偶者・直系血族・兄弟姉妹及び１親等の姻族の有する議決権の合計数が、その会社の議決権数の25％以上である場合におけるその株主をいい、次のように図示することができます。

◆中心的な同族株主

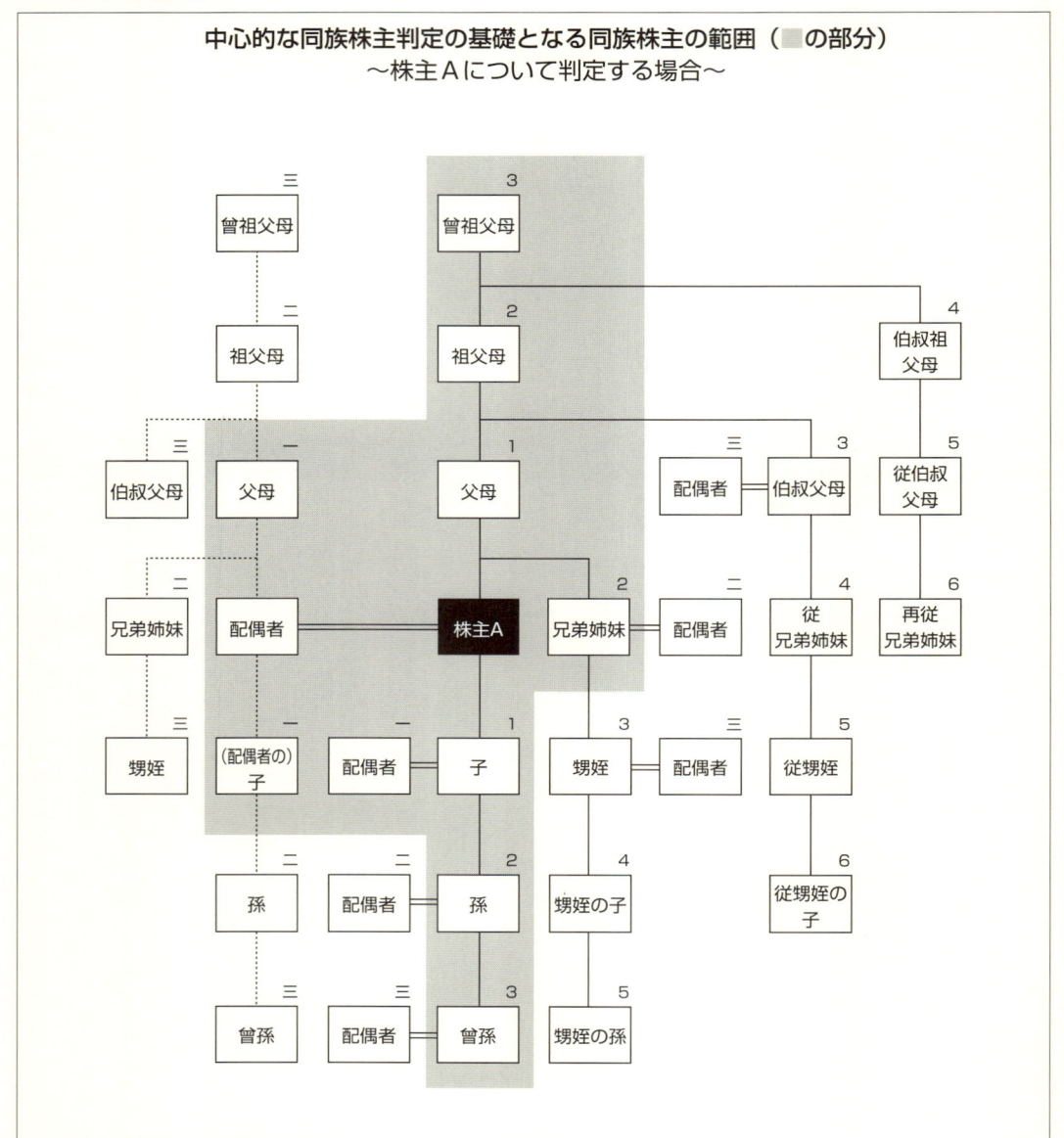

中心的な同族株主判定の基礎となる同族株主の範囲（■の部分）
〜株主Ａについて判定する場合〜

（注）1．肩書数字は親等（算用数字は血族、漢数字は姻族）を示します。

（注）2．養親族関係 … 養子と養親及びその血族との間においては、養子縁組の日から血族間におけると同一の親族関係を生じます。

株価対策のヒント

●株主区分に着目した株価対策⑵

【想定事例】

1．被相続人：父　　相続人：母、長男、長女（全員Ａ社の役員でない）

2．相続財産

⑴　Ａ社株式　800株

・発行済み株式総数の８％（すべて普通株式で議決権は１株につき１個）

・原則的評価方式による価額＠３万円

・配当還元価額（特例評価）＠500円

⑵　その他財産（課税価格）　２億円

3．㈱Ａ社の株主の状況

　父の兄が株式の7,200株（72％）の株式を、父の兄の子は2,000株（20％）所有しています。父の兄が代表取締役、父は取締役で、父の兄の子が将来の後継者とします。

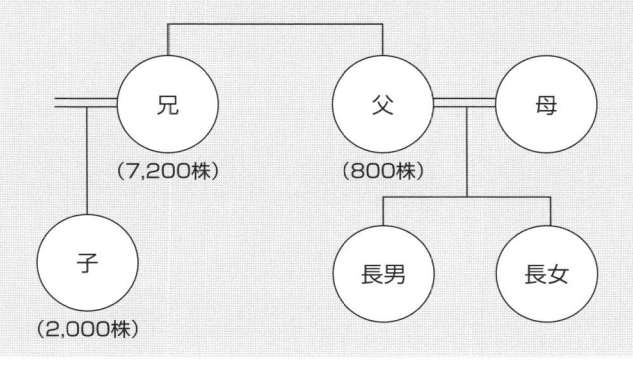

①　分割案その１

　Ａ社株式をすべて長男が相続し、その他財産は法定相続分で相続したとき、長男は同族株主で、かつ、議決権割合５％以上となるため、Ａ社株式の評価は原則的評価方式となり、＠３万円で評価します。

（単位：万円、端数切捨て）

区　分	母	長　男	長　女	合　計
（800株） Ａ社株式	－	（800株） 2,400	－	2,400
その他	10,000	5,000	5,000	20,000
課税価格	10,000	7,400	5,000	22,400
相続税	0	1,090	736	1,826

② 分割案その2

　各相続人が各々法定相続分で取得したとすると、母、長男、長女の取得後の議決権割合はそれぞれ5％未満で、中心的な同族株主に該当せず、かつ役員でもないことから配当還元方式により評価することができます。

（単位：議決権割合、万円、端数切捨て）

区　分	母	長　男	長　女	合　計
（800株） A社株式	（400株） （4％）　　20	（200株） （2％）　　10	（200株） （2％）　　10	（8％）　40
その他	10,000	5,000	5,000	20,000
課税価格	10,020	5,010	5,010	20,040
相続税	0	677	677	1,354

【「中心的な同族株主」に該当するか否かの判定表】　　　　　（単位は株式の数）

区分	父の兄 7,200	父の兄の子 2,000	母※1 （4％） 400	長男※1 （2％） 200	長女※1 （2％） 200	合計 10,000	判定
父の兄	7,200	2,000	－	－	－	9,200	該当
父の兄の子	7,200	2,000	－	－	－	9,200	該当
母※2	－	－	400	200	200	（8％） 800	該当 しない
長男※2	－	－	400	200	200	（8％） 800	該当 しない
長女※2	－	－	400	200	200	（8％） 800	該当 しない

※1：いずれも5％未満
※2：いずれも25％未満

Ⅲ 会社規模による評価の相違⑴
〜会社規模の判定〜

　取引相場のない株式の発行会社の規模は、上場会社に匹敵するようなものから個人企業と変わらないものまで様々ですから、これらの会社を一律の方法で評価するのは合理的ではありません。

　このため、評基通は、会社の規模区分の判定を行い、上場会社に匹敵するような規模の大きい評価会社については、上場会社の株価等を基として類似業種比準方式（注1）により評価し、個人事業者と変わらないような規模の小さい会社については個人事業者の事業用財産の評価とのバランス等を考慮した純資産価額方式（注2）により評価するという方式をとっています。また、大会社と小会社の中間にある会社については両方式の併用方式によって評価します。

（注1）**類似業種比準方式**
　　　同族会社であっても、上場会社に準ずるような規模の会社については、上場会社の株式との整合性を保つため、その会社の事業内容と類似する上場会社の株価に配当・利益・純資産の3つの比準割合などを乗じて株価を計算する方式

（注2）**純資産価額方式**
　　　株式の所有状況及び会社運営形態により、個人が会社財産を所有しているのと変わらないような同族会社は、株式の評価に当たって、株式を会社財産に対する持分と考え、会社財産を相続税法に定める評価額により評価替えしたところの純資産価額により評価する方式

　会社規模は、卸売業、小売・サービス業又はこれらの業種以外の業種別に、直前期末以前1年間の従業員数を加味した直前期末の総資産価額（帳簿価額）、又は直前期末以前1年間の取引金額のいずれか大きい方で判定します。

　従業員数が70人以上の会社は大会社としますが、従業員数が70人未満の会社は、次の⑴と⑵のいずれか大きい方で判定します。

　⑴　従業員数を加味した総資産額基準

　⑵　取引金額基準

　表にまとめると次のようになります。

１. 総資産価額に従業員数を加味した総資産額基準

＜卸売業＞

総資産価額（帳簿価額）＼従業員数	5 人以下	20人以下 5 人超	35人以下 20人超	70人未満 35人超	70人以上
20億円以上					大会社
4 億円以上				中会社の大	
2 億円以上			中会社の中		
7,000万円以上		中会社の小			
7,000万円未満	小会社				

＜小売・サービス業＞

総資産価額（帳簿価額）＼従業員数	5 人以下	20人以下 5 人超	35人以下 20人超	70人未満 35人超	70人以上
15億円以上					大会社
5 億円以上				中会社の大	
2.5億円以上			中会社の中		
4,000万円以上		中会社の小			
4,000万円未満	小会社				

＜卸売業・小売・サービス業以外の業種＞

総資産価額（帳簿価額）＼従業員数	5 人以下	20人以下 5 人超	35人以下 20人超	70人未満 35人超	70人以上
15億円以上					大会社
5 億円以上				中会社の大	
2.5億円以上			中会社の中		
5,000万円以上		中会社の小			
5,000万円未満	小会社				

２．取引金額基準

直前期末以前１年間における取引金額			会社規模
卸売業	小売・サービス業	その他の業種	
30億円以上	20億円以上	15億円以上	大会社
7億円以上	5億円以上	4億円以上	中会社の大
3.5億円以上	2.5億円以上	2億円以上	中会社の中
2億円以上	6,000万円以上	8,000万円以上	中会社の小
2億円未満	6,000万円未満	8,000万円未満	小会社

　上の１の表、２の表の「総資産価額（帳簿価額）」、「従業員数」及び「直前期末以前１年間における取引金額」は、それぞれ次のイからハによって判定します。また、「卸売業」、「小売・サービス業」又は「卸売業、小売・サービス業以外」の業種区分の判定はニによります。

　イ　総資産価額（帳簿価額）

　　「総資産価額（帳簿価額によって計算した金額）」は、課税時期の直前に終了した事業年度の末日（以下「直前期末」といいます。）における評価会社の各資産の帳簿価額の合計額とします（評基通178⑴）。

　　※　会社規模区分の判定をする場合の「総資産価額（帳簿価額によって計算した金額）」は、直接、株式の評価額の算定に使用する数値ではなく、評価会社の会社規模に応じて適切な評価方式を適用できるようにその判定基準として定められているものです。

　ロ　従業員数

　　「従業員数」は、直前期末以前１年間においてその期間継続して評価会社に勤務していた従業員（注）の数に、直前期末以前１年間において評価会社に勤務していた従業員のその１年間における労働時間の合計時間数を従業員１人当たり年間平均労働時間数で除して求めた数を加算した数とされています（評基通178⑵）。

　　この場合における従業員１人当たり年間平均労働時間数は、1,800時間です。

　（注）　就業規則等で定められた１週間当たりの労働時間が30時間未満である従業員を除きます（「継続勤務従業員」といいます）。また、社長、理事長並びに法人税法施行令第71条（使用人兼務役員とされない役員）第１項第１号、第２号及び第４号に掲げる役員は含みません。

チェックポイント

出向中の者や、人材派遣会社より派遣されている者については、雇用関係や勤務実態を確認して判定します。

→国税庁ホームページ質疑応答事例参照

ハ　直前期末以前1年間における取引金額

　「直前期末以前1年間における取引金額（注）」は、その期間における評価会社の目的とする事業に係る収入金額（金融業・証券業については収入利息及び収入手数料）とされています（評基通178(3)）。

> （注）「直前期末以前1年間における取引金額」は、その期間における評価対象会社の目的とする事業に係る収入金額をいうのであり、事業年度の変更があった場合においても、その変更の有無にかかわらず、課税時期の直前期末以前1年間（12か月間）の実際の取引金額によることになります。

ニ　会社規模を判定する際の業種区分

　評価会社が「卸売業」、「小売・サービス業」又は「卸売業、小売・サービス業以外」のいずれの業種に該当するか否かの判定に当たっては、上記ハの直前期末以前1年間における取引金額に基づいて判定し、2以上の業種に係る取引金額が含まれている場合には、最も多い取引金額に係る業種によって判定します（評基通178(4)）。

【国税庁ホームページ質疑応答事例】

事業年度を変更している場合の
「直前期末以前１年間における取引金額」の計算

＜照会趣旨＞

財産評価基本通達178（取引相場のない株式の評価上の区分）による会社規模区分の判定上、課税時期の直前期末以前１年間の期間中に評価会社が事業年度の変更を行っている場合には、「直前期末以前１年間における取引金額」は、どのように計算するのでしょうか。

＜回答要旨＞

「直前期末以前１年間における取引金額」は、その期間における評価会社の目的とする事業に係る収入金額（金融業・証券業については収入利息及び収入手数料）をいうのであるから、事業年度の変更の有無にかかわらず、課税時期の直前期末以前１年間の実際の取引金額によることになります。

したがって、下の例では、平成X＋１年４月１日から平成X＋２年３月31日まで（図の②＋③）の実際の取引金額によることとなりますが、平成X＋１年４月１日から同年５月31日まで（図の②）の間の取引金額を明確に区分することが困難な場合には、この期間に対応する取引金額について、平成X年６月１日から平成X＋１年５月31日まで（図の①）の間の取引金額を月数あん分して求めた金額によっても差し支えありません。

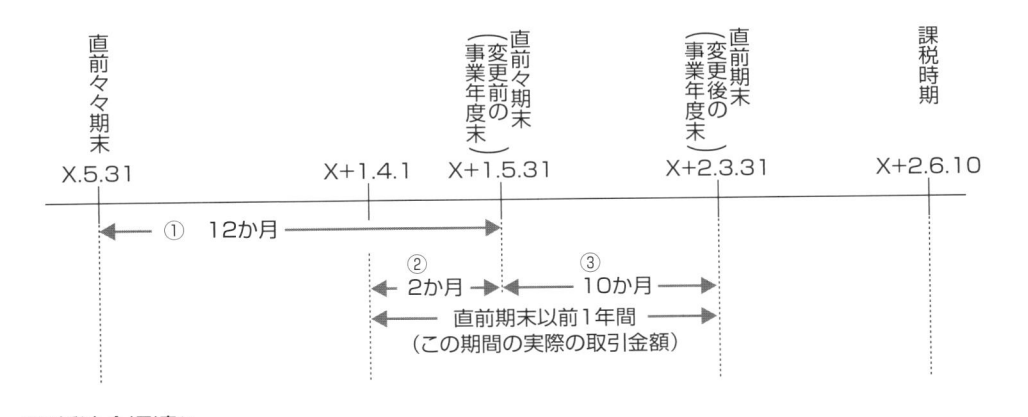

＜関係法令通達＞

財産評価基本通達178⑶

Ⅳ 会社規模による評価の相違(2)
～会社規模区分ごとの評価方法～

　評価会社が「一般の評価会社」に該当する場合は、前記Ⅲによって判定した会社規模区分、すなわち「大会社」「中会社」「小会社」によって評価方法が異なります。

　※　評価会社が「一般の評価会社」ではなく、「特定の評価会社」に該当する場合は、別の評価方式で計算します（109ページ参照）。

1. 大会社の株式

　大会社の株式の価額は、類似業種比準価額（類似業種比準方式）によって評価します。ただし、納税義務者の選択により、1株当たりの純資産価額（相続税評価額によって計算した金額）によって評価することができます（評基通179(1)）。したがって、実務的には、いずれか低い方の価額を選択することになります。

　大会社の株式の評価に適用する類似業種比準方式とは、評価しようとする株式の発行会社と事業の種類が同一又は類似する複数の上場会社の株価の平均値に比準して、その株式の価額を求めようとするものです。

2. 中会社の株式

　中会社の株式の価額は、類似業種比準方式と純資産価額方式との併用方式を採用し、次の算式によって計算します。ただし、納税義務者の選択により、算式中の類似業種比準価額を1株当たりの純資産価額（相続税評価額）によって計算することができます（評基通179(2)）。

算 式

類似業種比準価額　×　L
　　＋　1株当たりの純資産価額（相続税評価額によって計算した金額）　×　（1　－　L）

　上記算式中のLは次のとおり定められています。

会社区分	Lの割合
中会社の大	0.90
中会社の中	0.75
中会社の小	0.60

　中会社の株式の評価に適用する類似業種比準方式と純資産価額方式との併用方式とは、

大会社と小会社それぞれに適用する２つの評価方式を加味して評価しようとするものです。

　中会社は、大会社と小会社との中間に位する会社であり、この範ちゅうに属する会社は、大会社のような要素を持つとともに、小会社のような要素を併せ持つものと考えられますから、会社の規模に応じて、大会社の株式を評価する場合の収益性をも反映した類似業種比準価額と、小会社の株式を評価する場合の財産価値評価の純資産価額とを併用して評価することとされています。

　なお、中会社の株式の評価は、Ｌの割合によって３段階に区分して評価します。これは、中会社の株式の評価方法は、類似業種比準方式及び純資産価額方式のように１つの単独の評価方式によるものではなく、原則として類似業種比準方式と純資産価額方式の併用方式によるものですから、大会社、中会社及び小会社相互間の評価に差異を生じないよう考慮したものです。

3．小会社の株式

　小会社の株式の価額は、１株当たりの純資産価額（相続税評価額）によって評価します。ただし、納税義務者の選択により、Ｌの割合を0.50として前記**2**の算式により評価することができます（評基通179(3)）。

　小会社は、一般的に個人事業者の事業規模と変わらない小規模の会社であり、そのような会社は事業規模のみならず、経営の実態も個人事業者と変わらないものも多くあります。

　また、このような会社の株式の実態は、株式を通じて会社財産を全て支配しているものと認められ、会社財産に対する持分的な性格が強いので、評価会社の正味財産に着目して、純資産価額方式により評価することとし、これにより、個人事業者の場合の財産評価とのバランスも図るものです。

　なお、純資産価額方式による評価額は、会社の各資産の評価額の合計額から、各負債の合計額及び会社資産の評価替えに伴って生ずる評価差額に対する法人税額等相当額を控除することとされていますが、これは、法人と個人とではその事業用財産の所有形態が異なるところから（間接所有と直接所有）、これを経済的に同一の条件のもとに置きかえた上で評価の均衡を図る必要があることによります。

4．会社区分ごとの評価方法の整理

　前述した会社区分ごとの評価方法を整理すると、次の表のようになります。

◆取引相場のない株式等の相続税評価額一覧表（支配株主）

区分	会社区分			評価方式	
支配株主（同族株主等）	一般の評価会社	大　会　社		類似業種比準方式	純資産価額といずれか少ない金額
		中　会　社	大	類似業種比準価額×0.90 ＋純資産価額（注1）×0.10	
			中	類似業種比準価額×0.75 ＋純資産価額（注1）×0.25	
			小	類似業種比準価額×0.60 ＋純資産価額（注1）×0.40	
		小　会　社		類似業種比準価額×0.50 ＋純資産価額（注1）×0.50	
	特定の評価会社	比準要素数1の会社（注2）		類似業種比準価額×0.25 ＋純資産価額（注1）×0.75	
		株式保有特定会社		S_1+S_2方式	
		土地保有特定会社		純資産価額方式（注1）	
		開業後3年未満の会社			
		比準要素数0の会社（注3）			
		開業前・休業中の会社		純資産価額方式	
		清　算　中　の　会　社		清算分配見込額の複利現価方式	

（注1）議決権割合が50％以下の同族株主グループに属する株主は、その80％で評価します。

（注2）直前期を基準として1株当たり配当・利益・簿価純資産のうち、いずれか2つが0で、かつ、直前々期を基準として1株当たり配当・利益・簿価純資産のうち、いずれか2以上が0の会社

（注3）直前期を基準として1株当たり配当・利益・簿価純資産の3要素が0の会社

◆取引相場のない株式等の相続税評価額一覧表（少数株主）

区分	会社区分		評価方式
少数株主	一般の評価会社		配当還元方式（特例的評価方式）
	特定の評価会社	その他の特定会社	
		開業前・休業中の会社	純資産価額方式
		清算中の会社	清算分配見込額の複利現価方式

株価対策のヒント

●会社規模区分に着目した株価対策

　評価会社の会社規模区分（大・中・小）を確認し、次に類似業種比準価額と純資産価額を確認します。類似業種比準価額が低い会社は、会社規模をランクアップさせるだけで株価を引き下げることができます。そのため、評価会社が、

・類似業種比準価額＜純資産価額か

・類似業種比準価額≧純資産価額か

の分析が重要となります。

　多くの場合は、次の事例のように純資産価額の方が類似業種比準価額よりも高額となっているようです。

　会社規模区分をランクアップさせる方法は、①従業員を増やす、②総資産価額（帳簿価額）を増やす、③取引金額を増やす、④卸売業から他の業種に変えることなどが考えられます。

◆会社規模区分別：類似業種比準価額と純資産価額による比較表＞

区分	株価		大会社	中会社			小会社(1：1)
	類似業種	純資産		大(9：1)	中(3：1)	小(3：2)	
A社	100	500	100	140	200	260	300
B社	200	300	200	210	225	240	250
C社	300	100	100	100	100	100	100

※　簡略化のため類似業種比準価額の斟酌率は考慮していません。

　上の表のA社、B社の例は、会社規模区分が大きくなるほど株価が下がっています。またA社とB社を比べると、類似業種比準価額と純資産価額の開きが大きいほど、会社規模別の評価額の違いが大きくなっています。

　なお、類資産方式のほうが似業種比準方式よりも低い場合は、会社規模区分にかかわらず、純資産方式による価額で評価することになります。

Ⅴ 類似業種比準方式

　「類似業種比準方式」とは、評価会社と事業内容が類似する業種に属する複数の上場会社（標本会社）の株価の平均値に、評価会社及び類似業種の1株当たりの「配当金額」「年利益金額」「簿価純資産価額」の比準割合を乗じて計算する方法です。この場合、1株当たりの資本金の額が50円であるとした金額に引き直します。

　また、1株当たりの資本金等の計算に際して、評価会社が自己株式を有する場合には、その自己株式を控除して計算します。

　類似業種比準価額は、次の算式によって計算します。

算式

$$\text{類似業種比準価額} = A \times \dfrac{\dfrac{Ⓑ}{B} + \dfrac{Ⓒ}{C} + \dfrac{Ⓓ}{D}}{3} \times 斟酌率\text{*} \times \dfrac{1\text{株当たりの資本金等の額}}{50円}$$

計算のポイント

A　類似業種の株価

Ⓑ　評価会社の直前期末における1株当たりの配当金額

Ⓒ　評価会社の直前期末以前1年間における1株当たりの利益金額

Ⓓ　評価会社の直前期末における1株当たりの純資産価額（帳簿価額）

B　課税時期の属する年の類似業種の1株当たりの配当金額

C　課税時期の属する年の類似業種の1株当たりの年利益金額

D　課税時期の属する年の類似業種の1株当たりの純資産価額（帳簿価額）

*　斟酌率：大会社0.7　中会社0.6　小会社0.5

アドバイス

●課税時期が直後期末に近い場合

【設例】

　　類似業種比準方式により評価する場合に、課税時期が直前期末より直後期末に近い場合であっても、直前期末の決算書の比準数値によって評価するのですか？

答　　　類似業種比準価額を算定する場合の比準数値のそれぞれについて評基通183（評価会社の1株当たりの配当金額等の計算）のとおり定められているのは、標本会社と評価会社の比準要素をできる限り同一の基準で算定することがより適正な比準価額の算定を可能にすると考えられることのほか、課税時期後における影響要因を排除することをも考慮したものです。このため、仮に直後期末が課税時期にかなり近い場合であっても、直前期末の比準数値により評価することになります。

　　純資産方式により評価する場合とは取扱いが異なることに注意する必要があります。

〈関連法令通達〉

評基通183

1．類似業種比準方式の意義

　類似業種比準方式は、帳簿価額による純資産価額に加えて、利益及び配当といった収益要素について、事業内容が類似する業種目に属する上場株式の平均値と比較し、上場株価に比準して株式の価値を評価する方式です。税法の適用以外の場面では、あまり採用されることはありません。

　株価構成要素は多数ありますが、これらの株価構成要素のうち、基本的なもの及び直接的なもので計数化が可能な1株当たりの配当金額、利益金額及び純資産価額の3要素を採用して評価します。

　これら3要素による比準価額に、大会社、中会社及び小会社の区分に応じた一定の割合（評価の安全性に対する斟酌率）を乗じた金額により評価することとされているのは、取引相場のない株式の発行会社である大半の中小企業は、一般的に、上場会社と比べると、評価会社の規模が小さくなるに従って上場会社との類似性が希薄になっていくことが認められるため、この格差を評価上適正に反映させることが相当であると考えられるからです。

　(注)　評価の安全性に対する斟酌率は大会社「0.7」、中会社については「0.6」、小会社については「0.5」とされています。

２．類似業種の業種目

　類似業種は、大分類、中分類及び小分類に区分して別に定める業種（以下「業種目」といいます。）のうち、評価会社の事業が該当する業種目とされ、その業種目が小分類に区分されているものにあっては小分類による業種目、小分類に区分されていない中分類のものにあっては中分類の業種目によります。ただし、納税義務者の選択により、類似業種が小分類による業種目にあってはその業種目の属する中分類の業種目、類似業種が中分類による業種目にあってはその業種目の属する大分類の業種目を、それぞれ類似業種とすることができます（評基通181）。

　また、「評価会社が行う事業の業種目」は、「直前期末以前１年間の取引金額」に基づいて判定した業種目になります。取引金額のうちに２以上の業種目に係る取引金額が含まれている場合には、取引金額全体のうちに占める業種目別の取引金額の割合（以下「業種目別の割合」※１といいます。）が50％を超える業種目とされています。

　その割合が50％を超える業種目がない場合には、次によります（評基通181－２）。

イ　１つの中分類の業種目中に２以上の類似する小分類の業種目が属し、それらの業種目別の割合の合計が50％を超える場合には、その中分類の中にある類似する小分類の「その他の○○業」

ロ　１つの中分類の業種目中に２以上の類似しない小分類の業種目が属し、それらの業種目別の割合の合計が50％を超える場合には、その中分類の業種目（イに該当する場合を除く）

ハ　１つの大分類の業種目中に２以上の類似する中分類の業種目が属し、それらの業種目別の割合の合計額が50％を超える場合には、その大分類の中にある類似する中分類の「その他の○○業」

ニ　１つの大分類の業種目中に２以上の類似しない中分類の業種目が属し、それらの業種目別の割合の合計が50％を超える場合には、その大分類の業種目（ハに該当する場合を除く）

ホ　イからニのいずれにも該当しない場合には、大分類の業種目の中の「その他の産業」

※１　業種目別の割合＝業種目別の取引金額／評価会社の全取引金額
※２　上記の業種目については、国税庁において、全国の上場会社の業務状況に応じて「日本標準産業分類」の分類項目に基づき分類し、毎年発遣されている個別通達「平成○年分の類似業種比準価額計算上の業種目及び業種目別株価等について」で定められています。

3．類似業種の株価等（A～D）

　類似業種比準価額を算出する際における類似業種の「株価」（A）、「1株当たりの配当金額」（B）、「1株当たりの年利益金額」（C）及び「1株当たりの純資産価額（帳簿価額によって計算した金額)」（D）は、前記2の※2に掲げた個別通達において定められています。

4．1株当たりの配当金額（Ⓑ）

　「評価会社の1株当たりの配当金額」（Ⓑ）は、直前期末以前2年間におけるその会社の剰余金の配当金額（注1）の合計額の2分の1に相当する金額を、直前期末における発行済株式数（注2）で除して計算した金額になります（評基通183(1)）。

算式

$$\frac{\text{直前期末以前2年間における}\text{剰余金の配当金額（注1）}}{2} \div \text{1株当たりの資本金等の額を50円とした場合の直前期末における発行済株式数（注2）（資本金等の額÷50円）}$$

計算のポイント

（注1）　配当金額
　　　　特別配当、記念配当等の名称による配当金額のうち、将来毎期継続することが予想できない金額は含まれません。
（注2）　発行済株式数
　　　　1株当たりの資本金等の額が50円以外の金額である場合には、直前期末における資本金等の額を50円で除して計算した数によります。

アドバイス

●事業年度の変更がある場合の1株当たりの配当金額

【設例】

　　次のように事業年度を変更している場合、配当金額（直前期末以前2年間における剰余金の配当金額の合計額の2分の1に相当する金額）はどのように計算しますか。

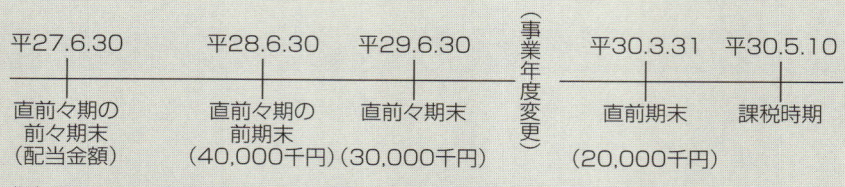

（注）評価会社の直前期末の資本金等の額200,000千円（4,000千株／50円株）

答　　直前期末以前2年間におけるその会社の剰余金の配当金額の合計額は、直前期末以前2年間の期間に対応する実際の配当金額をいいます。したがって、評価会社が事業年度を変更している場合の直前期末以前2年間（平28. 4. 1 〜 30. 3.31）の配当金額は、次のとおり計算します。

直前期の 配当金額	直前々期の 配当金額	直前々期の前 期の配当金額		

$$20,000千円 + 30,000千円 + 40,000千円 \times \frac{3か月}{12か月} = 60,000千円$$

$$60,000千円 \times \frac{1}{2} = 30,000千円（配当金額）$$

$$30,000千円 \div 4,000千株 = 7円50銭（1株当たりの配当金額）$$

チェックポイント

・株主優待利用券等による経済的利益相当額は、評価会社の剰余金の配当金額に加算する必要はありません。

・自己株式の取得によるみなし配当の金額があった場合でも、剰余金の配当金額に含める必要はありません。

・現物分配により資産を移転した場合、移転した資産の価額を剰余金の配当に含めるか否かは、その現物分配の起因となった剰余金の配当が将来毎期継続することが予想できるかどうかにより判断します。

→国税庁ホームページ質疑応答事例参照

> **アドバイス**
>
> ●種類株式の配当
>
> 　会社法第108条（種類株式）の規定による配当優先株を発行している会社の普通株式を取得した場合、「1株当たりの配当金額」は、直前期末以前2年間におけるその会社の剰余金の配当金額の合計額の2分の1に相当する金額を直前期末における発行済株式数で除して計算した金額とされていますので、種類株式の区分にかかわらず、配当金額の合計額を発行済株式数で除した金額によることになります。

5．1株当たりの利益金額（ⓒ）

　「評価会社の1株当たりの利益金額」（ⓒ）は、直前期末以前1年間における法人税の課税所得金額に、その所得の計算上益金に算入されなかった剰余金の配当等の金額及び損金に算入された繰越欠損金の控除額を加算した金額を、直前期末における発行済株式数で除して計算した金額になります。

　ただし、納税義務者の選択により、直前期末以前2年間の各事業年度について、それぞれ法人税の課税所得金額を基とし、上記に準じて計算した金額の合計額の2分の1に相当する金額を直前期末における発行済株式数で除して計算した金額によることができます（評基通183⑵）。この場合において、その合計額が負数の場合は0とします。

> **算　式**
>
> $$\left(\begin{array}{c} \text{法人税の} \\ \text{課税所得} \\ \text{金額} \end{array} + \begin{array}{c} \text{所得の計算上益金の額に} \\ \text{算入されなかった剰余金} \\ \text{の配当等の金額（所得税} \\ \text{額に相当する金額を除く）} \end{array} + \begin{array}{c} \text{損金に算入} \\ \text{された繰越} \\ \text{欠損金の控} \\ \text{除額} \end{array} \right) \div \begin{array}{c} \text{1株当たりの資本金等} \\ \text{の額を50円とした場合} \\ \text{における発行済株式数} \\ \text{（資本金等の額÷50円）} \end{array}$$

計算のポイント

※1　「法人税の課税所得金額」は、固定資産売却益、保険差益等の非経常的な利益の金額を除いた金額によります。

※2　「剰余金の配当」は、資本金等の額の減少によるものを除きます。

※3　「剰余金の配当等の金額」は、所得税額等に相当する金額を除きます。

※4　「繰越欠損金の控除額を加算した金額」は、その金額が負数の場合は0とします。

※5　算式の被除数のそれぞれの金額は、1,000円未満の端数を切り捨てて計算し、計算した1株当たりの利益金額（ⓒ）に1円未満の端数がある場合には、その端数を切り捨てます。

　　　被除数の金額がマイナスとなる場合には、1株当たりの利益金額（ⓒ）は0とします。

アドバイス

●事業年度の変更がある場合の1株当たりの利益金額

【設例】

　次のように、評価会社が事業年度を変更している場合の「直前期末1年間における1株当たりの利益金額」はどのように計算しますか。

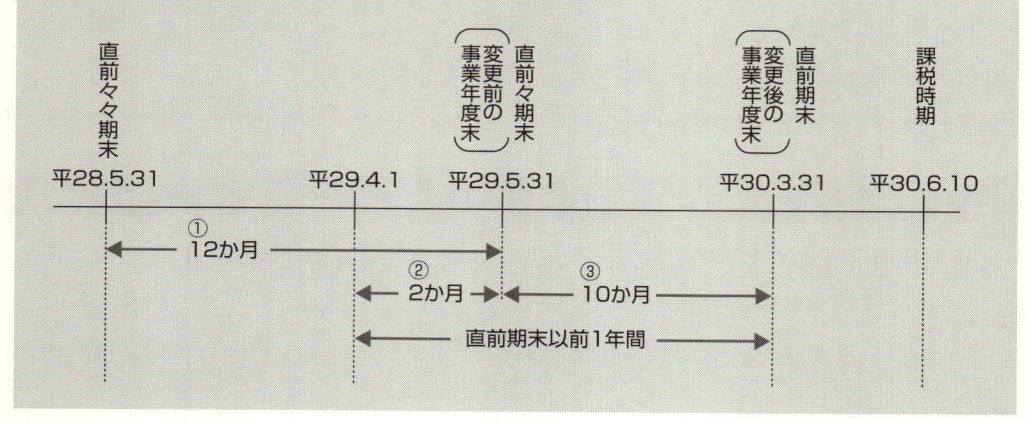

| 答 |

　1株当たりの利益金額は、直前期末以前1年間における法人税の課税所得金額を基に計算します。しかし、平成29年4月1日から同年5月31日まで（設例の②の部分）の2か月間における利益金額の算定が困難な場合は、②の期間に対応する利益金額に相当する金額を次により期間あん分して計算して差し支えありません。

$$
\begin{array}{l}
\text{直前々期末に終了した事業年度} \\
\text{における法人税の課税所得金額} \\
\text{（図の①の12か月の利益金額）}
\end{array}
\times
\frac{2\text{か月}}{12\text{か月}}
=
\begin{array}{l}
②\text{の期間に対応する利益} \\
\text{金額に相当する金額}
\end{array}
$$

チェックポイント

・法人税の課税所得金額から固定資産売却益、保険差益等の非経常的な利益の金額を除外する場合において、固定資産の譲渡が期中に数回あり、個々の譲渡に売却益と売却損があるときは、個々の譲渡の損益を通算し、利益の金額があれば除外することになります。

・例えば、固定資産売却損と保険差益がある場合等、種類の異なる非経常的な損益があるときであっても、これらを通算して、利益の金額があれば除外します。

・継続的な有価証券売却益等について、経常的な利益又は非経常的な利益のいずれに該当するかは、評価会社の事業の内容、その利益の発生原因、その発生原因たる行為の反復継続性又は臨時偶発性等を考慮し、個別に判定します。

・外国子会社から剰余金の配当等の額がある場合には、受取配当等の益金不算入額を加算して計算します。

・グループ法人税制における譲渡損益調整資産を譲渡していた場合に、法人税法上繰り延べられた譲渡益は、法人税の課税所得に加算する必要はありません。

・グループ法人税制における譲渡損益調整勘定の戻入益と戻入損の両方がある場合は、それぞれ他の非経常的な損益と合算の上、その損益を通算し、利益の金額があればその金額を課税所得から控除します。

・評価会社が所有する株式をその発行法人に譲渡することにより、みなし配当の金額が生じた場合でも、「益金に算入されなかった剰余金の配当等」の金額に含める必要はありません。

・適格現物分配により資産を受けたことになる収益の額は、原則として、「益金に算入されなかった剰余金の配当等」の金額に加算する必要はありません。

→国税庁ホームページ質疑応答事例参照

6．1株当たりの純資産価額（帳簿価額）（Ⓓ）

　「評価会社の1株当たりの簿価純資産価額」（Ⓓ）は、直前期末における資本金等の額及び利益積立金額に相当する金額の合計額を、直前期末における発行済株式数で除して計算した金額です（評基通183(3)）。

算 式

$$\left(\begin{array}{c}\text{法人税法に}\\\text{規定する資}\\\text{本金等の額}\end{array} + \begin{array}{c}\text{法人税法に}\\\text{規定する利}\\\text{益積立金額}\end{array}\right) \div \begin{array}{c}\text{1株当たりの資本金等の額を50円}\\\text{であるとした場合の発行済株式数}\\\text{（資本金等の額÷50円）}\end{array}$$

計算のポイント

※1　「法人税法に規定する資本金等の額」とは、直前期の法人税の申告書別表五（一）「利益積立金額及び資本金等の額の計算に関する明細書」の差引翌期首現在資本金等の額の差引合計額に相当する金額をいいます。

※2　「法人税法に規定する利益積立金額」とは、直前期の法人税の申告書別表五（一）「利益積立金額及び資本金等の額の計算に関する明細書」の差引翌期首現在利益積立金額の差引合計額に相当する金額をいいます。

※3　利益積立金額に相当する金額がマイナスである場合には、その負数に相当する金額を資本金等の額から控除するものとし、その控除後の金額がマイナスとなる場合には、1株当たりの純資産価額（Ⓓ）は0とします。

7．類似業種比準価額の修正

評価会社の株式が次に該当するときは、評基通180（類似業種比準価額）の定めにより計算した価額を、それぞれ次の算式により修正した金額をもって類似業種比準価額とします（評基通184）。

算 式

イ　直前期末の翌日から課税時期までの間に配当金交付の効力が発生した場合

$$\left(\begin{array}{c}\text{評基通180（類似業種比準価額）}\\\text{の定めにより計算した価額}\end{array} - \begin{array}{c}\text{株式1株に対して}\\\text{受けた配当の金額}\end{array}\right)$$

ロ　直前期末の翌日から課税時期までの間に株式の割当て等の効力が発生した場合

$$\frac{\begin{array}{c}\text{評基通180（類似業種比準価額）}\\\text{の定めにより計算した価額}\end{array} + \begin{array}{c}\text{割当てを受けた株式1株}\\\text{につき払い込んだ金額}\end{array} \times \begin{array}{c}\text{株式1株に対す}\\\text{る割当株式数}\end{array}}{1 + \text{株式1株に対する割当株式数又は交付株式数}}$$

チェックポイント

評価会社である完全支配関係にある親法人から内国法人である子法人に対して寄附があった場合、親法人の利益積立金額は、税務調整により寄附金に相当する金額だけ増加することになりますが、この金額の増減について調整する必要はありません。

→国税庁ホームページ質疑応答事例参照

株価対策のヒント

●株主区分に着目した株価対策

　類似業種比準価額は、１株当たりの配当金額、利益金額及び簿価純資産価額の３つの比準要素を基に計算されることから、評価会社のそれらの比準割合を引き下げることで類似業種比準価額が下がることになります。

　したがって、１株当たりの利益金額が下がったり、配当金額を抑えることで、類似業種比準価額を下げることが可能です。

　例えば、利益金額を下げる対策として以下のものが考えられます。

①　所有財産のうち、含み損を有している資産については、売却するなどによって損失を実現させる

②　生命保険などの課税の繰延べ商品を活用して１株当たりの利益金額を小さくする

③　役員退職金を支給する　　など

〈想定事例〉

前提：A株式会社　　会社区分：中会社の「大」

区分	A社	類似業種
１株当たりの年配当金額	0円	5円
１株当たりの年利益金額	300円	10円
１株当たりの純資産価額	9,000円	600円

(1)　純資産価額：9,000円　類似業種比準価額：6,000円

　　＊類似業種比準価額の計算

　　①　類似業種の株価　500円

　　②　各比準要素

　　③　１株当たりの類似業種比準価額

　　　　500円×（0円÷5円＋300円÷10円＋9,000円÷600円）÷3×0.6＝4,500円

(2)　１株当たりの価額の計算　4,500円×0.9＋9,000円×（1－0.9）

　　　　　　　　　　　　　　　　　　　　　　　　　＝4,950円／株

(3)　仮に役員退職金などの支給によって当期の所得金額が0円となった場合

　　１株当たりの比準価額

　　500円×（0円÷5円＋0円÷10円＋9,000円÷600円）÷3×0.6＝1,500円　　─△2,250円／株

　　１株当たりの価額の計算　1,500円×0.9＋9,000円×（1－0.9）＝2,250円

(4)　株価対策の効果

　(2)－(3)＝2,700円／株　◀

Ⅵ 純資産価額方式

　「純資産価額方式」は、個人が会社財産を所有しているのと変わらないような同族会社について、株式を会社財産に対する持分と考え、課税時期における会社財産を、評基通の定めによって評価替えしたところの1株当たりの評価額を計算する方法です。

　課税時期が事業年度の中途である場合には、本来は仮決算によるべきなのですが、その金額が明確ではなく、直前期末から課税時期までの間に著しい変動がないと認められるときは、直前期末の資産及び負債の金額を基に計算することができます。また、課税時期が直前期末より直後期末の方に著しく近い場合で、より正確に会社の時価を反映させることができるときは、直後期末による資産及び負債の金額によることもできます（注）。

> （注）この点は、類似業種比準方式において、直後の決算の数値を基に計算することはできないということとは取扱いが異なります。

算式

$$\text{純資産価額（1株当たり）} = \frac{\substack{\text{総資産価額} \\ \text{（相続税評価額）}} - \substack{\text{負債の金額} \\ \text{（相続税評価額）}} - \substack{\text{評価差額に対する} \\ \text{法人税額等相当額（注）}}}{\text{評価時期における発行済株式数}}$$

（注）（相続税評価額による純資産価額 － 帳簿価額による純資産価額）× 37%

計算のポイント

※1　発行済株式数から自己株式の数は除かれます。

※2　株式取得者とその同族関係者の有する議決権の合計数が評価会社の議決権総数の50%以下である場合には、1株当たりの純資産価額に80%を乗じて計算した金額により評価します。

※3　評価差額に対する法人税額等相当額の割合37%は、平成28年4月1日以後に相続、遺贈又は贈与により取得した取引相場のない株式等の評価に適用されます。

1．総資産価額（相続税評価額）

(1)　原則

　評価会社の各資産の価額は、原則として、個人の事業用資産と同様の方法によって評価することになりますので、帳簿価額のない無償取得による資産についても評基通に定めるところによって評価する必要があります。

　一方、繰延資産等のうち財産性のないものについては、帳簿価額があるものであっても評価を要しません。

　すなわち、帳簿に資産として計上されていないものでも、（無償取得した）借地権、特

許権・商標権（営業権として一括評価）、生命保険契約に関する権利、生命保険請求権などは、評価する必要があります。

一方、帳簿に資産として計上されているものであっても、（財産性のない）前払費用、繰延資産（創立費、開業費、株式発行費、開発費、試験研究費など）、繰延税金資産などは評価の対象とならないということです。

(2)　課税時期前 3 年以内に取得等をした土地等及び家屋等

評価会社が課税時期前３年以内に取得又は新築した土地等（土地及び土地の上に存する権利）並びに家屋等（家屋及びその附属設備又は構築物）の価額は、課税時期における通常の取引価額に相当する金額によって評価します。

ただし、帳簿価額が課税時期における通常の取引価額に相当すると認められる場合は当該帳簿価額に相当する金額によって評価することができます。

なお、評価会社のたな卸資産に該当する土地等や家屋等については、たとえ、評価会社が課税時期前３年以内に取得したものであっても、評基通４－２、132及び133の定めるところによりたな卸資産として評価することに留意する必要があります。

(3)　評価会社の有する取引相場のない株式等

評価会社が「取引相場のない株式」、「出資」又は「転換社債型新株予約権付社債（評基通197－５（転換社債型新株予約権付社債の評価）の(3)ロに定めるもの）」を所有している場合の当該株式の「１株当たりの純資産価額（相続税評価額）」は、評価差額に対する法人税額等相当額を控除しないで計算することに注意が必要です（評基通186－３）。

なお、株式保有特定会社の株式などに該当する場合で、納税義務者の選択により「S_1＋S_2」方式によって評価する場合のS_2の金額の計算においても、同様です（⇒112ページ参照）。

> ※　純資産価額方式における評価差額に対する法人税額等相当額を控除する趣旨は、個人が資産を直接所有している場合と、株式を所有することによって支配している会社を通じて、間接的に資産を所有している場合との対比における評価上の均衡を図るものとされています。したがって、そのような評価上の均衡は、「個人」と評価会社との関係において考慮すれば足りるのですから、評価会社と評価会社が所有する株式の発行会社との関係において、さらに重ねてその均衡を考慮する必要はないことになります。

チェックポイント

・売買目的で保有する有価証券は、評基通第6章第2節（たな卸商品等）に定めるたな卸商品等として評価するのではなく、評基通169（上場株式の評価）の定めにより評価します。

・匿名組合契約に係る権利は、課税時期においてその匿名組合契約が終了したものとする場合に、匿名組合員が受け取ることができる清算金の額に相当する金額により評価し、清算金の額の算出に当たっては、評基通185の定めを準用します。この場合、匿名組合には法人税が課税されないことから、法人税相当額を控除することはできません。

→国税庁ホームページ質疑応答事例参照

【国税庁ホームページ質疑応答事例】

評価会社が受け取った生命保険金の取扱い

＜照会趣旨＞

　1株当たりの純資産価額（相続税評価額によって計算した金額）の計算に当たって、被相続人の死亡を保険事故として評価会社が受け取った生命保険金は、評価会社の資産に計上するのでしょうか。

　また、生命保険金から被相続人に係る死亡退職金を支払った場合には、その死亡退職金の額を負債に計上してよろしいですか。

＜回答要旨＞

　受け取った生命保険金の額を生命保険金請求権として資産に計上します。なお、その保険料（掛金）が資産に計上されているときは、その金額を資産から除外します。

　また、支払った死亡退職金の額及び保険差益に対する法人税額等を負債に計上します。

（理由）

1．被相続人の死亡を保険事故として、評価会社が受け取った生命保険金は、保険事故の発生によりその請求権が具体的に確定するものですから、生命保険金請求権として資産に計上することになります（「取引相場のない株式（出資）の評価明細書」の「第5表　1株当たりの純資産価額（相続税評価額）の計算明細書」の記載に当たっては、「相続税評価額」欄及び「帳簿価額」欄のいずれにも記載します。）。この場合、その保険料が資産に計上されているときは、その金額を資産から除外します。

　　また、その生命保険金を原資として被相続人に係る死亡退職金を支払った場合には、その支払退職金の額を負債に計上するとともに、支払退職金を控除した後の保

険差益について課されることとなる法人税額等についても負債に計上します。

2．なお、評価会社が仮決算を行っていないため、課税時期の直前期末における資産及び負債を基として1株当たりの純資産価額（相続税評価額によって計算した金額）を計算する場合における保険差益に対応する法人税額等は、この保険差益によって課税所得金額が算出される場合のその課税所得の37％（※）相当額によって差し支えありません。

　※　平成22年10月1日から平成24年3月31日までの間に相続等により取得した株式については「45％」、平成24年4月1日から平成26年3月31日までの間に相続等により取得した株式については「42％」、平成26年4月1日から平成27年3月31日までの間に相続等により取得した株式については「40％」、平成27年4月1日から平成28年3月31日までの間に相続等により取得した株式については「38％」になります。

＜関係法令通達＞

財産評価基本通達185、186、186－2

平成2年12月27日付直評23外「相続税及び贈与税における取引相場のない株式等の評価明細書の様式及び記載方法等について」通達第5表2(4)

アドバイス

●勘定科目別にみる純資産の計上

【設例】

　1株当たりの純資産価額の計算に当たり、評価会社が資産の部に計上している次のような勘定科目については、どのように取り扱うのですか？

① 保険料、賃貸料等の前払費用

② 有償取得した借家権

③ 生命保険契約に係る支払保険料

答　いずれの場合も、財産的価値があるかどうかにより判断しますが、具体的には次のとおりとなります。

①…　課税時期において、これらの費用に財産的価値があるか否かによります。例えば、その前払費用を支出する基因となった契約を課税時期において解約している場合に、返還される金額があるときは財産的価値があると考えられます。

　　資産性のない前払費用については、「帳簿価額」欄にも計上しません（評基通185）。

②…　有償取得した借家権であっても、借家権取引の慣行がある地域の借家権を除き、資産に計上する必要はありません。この場合、借家権の相続税評価額が0円であっても、「帳簿価額」欄にはそのまま資産計上することになります（評基通94、185）。

③…　課税時期において、未だ保険事故の発生していない生命保険契約に関する支払保険料や保険積立金については、生命保険契約に関する権利として資産計上します（評基通185、214）。

２．負債の金額（相続税評価額）

負債として計上されるものは確実な債務に限られますので、たとえ帳簿価額があったとしても、貸倒引当金やその他の引当金及び準備金は負債として計上することはできません。

一方、帳簿に負債としての記載がない場合であっても、課税時期において未払いとなっている次のようなものは負債として計上されます。

①　課税時期の属する事業年度に係る法人税額、消費税額、事業税額、道府県民税額及び市町村民税額のうち、その事業年度開始の日から課税時期までの期間に対応する金額

②　課税時期以前に賦課期日のあった固定資産税の税額のうち、課税時期において未払いの金額

③　被相続人の死亡により、相続人その他の者に支給することが確定した退職手当金、功労金その他これらに準ずる給与の金額

チェックポイント

・金利スワップ負債については、みなし決済によって生じた金利スワップ取引の評価損の反対勘定として計算上生じた負債に過ぎないので、負債として扱うことはできません。

・評価会社が支払った弔慰金は、退職手当金等に該当し、相続税の課税価格に算入されることとなる金額に限り、負債に該当するものとして取り扱われます。

→国税庁ホームページ質疑応答事例参照

アドバイス

●葬式費用や弔慰金の純資産計上

【設例】

　1株当たりの純資産価額の計算に当たり、評価会社が被相続人の死亡に伴い負担又は支払った次のような費用は、負債に計上することができますか？

① 　評価会社が負担した葬式費用（社葬費用）

② 　評価会社が相続人に対して支払った弔慰金

 ①…　社葬費用であっても、相続開始に伴う直接的な費用であり、また、相続税法上も課税価格の計算上控除するため、負債に計上しても差し支えありません。

　　ただし、社会通念上明らかに故人の遺族が負担すべきであると認められる費用は負債計上することはできません（相法13①二、法基通 9 － 7 －19）。

② …　被相続人の死亡に伴い評価会社が相続人に対して支払った弔慰金については、相続税法第 3 条（相続又は遺贈により取得したものとみなす場合）第 1 項第 2 号により退職手当金等に該当するものとして相続税の課税価格に算入されることとなる金額に限り、株式の評価上、負債に該当するものとして純資産価額の計算上控除します。したがって、同号の規定により退職手当金等とみなされない弔慰金については、純資産価額の計算上、負債に該当しないことになります（相法 3 ①二、相基通 3 －18 ～ 20・評基通186(3)）。

3 ．評価差額に対する法人税額等に相当する金額

　評価差額に対する法人税額等に相当する金額を会社の正味財産価額の計算上控除するのは、個人事業主がその事業用資産を直接所有することとのバランスをとるためです。小会社の株式といえども、株式の所有を通じて会社の資産を所有することとなるので、個人事業主がその事業用資産を直接所有することとは、その所有形態が異なるため、両者の事業用資産の所有形態を経済的に同一の条件のもとに置きかえた上で評価の均衡を図る必要があることによるものです。

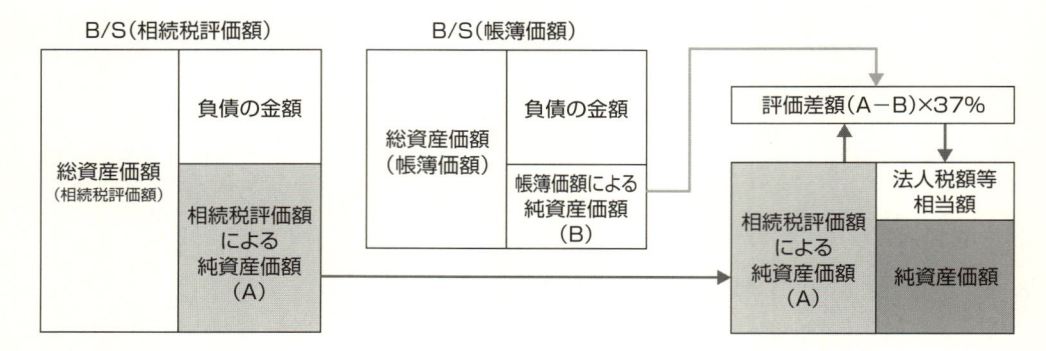

　「評価差額に対する法人税額等に相当する金額」は、次の（A）の金額から（B）の金額を控除した残額がある場合におけるその残額に37％（法人税、事業税、道府県民税及び市町村民税の税率の合計に相当する割合）を乗じて計算した金額となります（評基通186-2）。

算式

評価差額に対する法人税額等に相当する金額＝（A）－（B）

（A）　相続税評価額による純資産価額

　　　上記1の「総資産価額（相続税評価額）」から上記2の「負債の金額（相続税評価額）」を控除した金額

（B）　帳簿価額による純資産価額

　　　「総資産価額（相続税評価額）」の計算の基とした各資産についての課税時期における税務上の帳簿価額の合計額から、課税時期における各負債の金額の帳簿価額の合計額を控除した金額（マイナスの場合は0）

計算のポイント

※1　固定資産に係る減価償却累計額、特別償却準備金及び圧縮記帳に係る引当金又は積立金の金額がある場合には、それらの金額をそれぞれの引当金等に対応する資産の帳簿価額から控除した金額をその固定資産の帳簿価額とします。

※2　営業権に含めて評価の対象となる特許権、漁業権等の資産の帳簿価額は、営業権の帳簿価額に含めます。

※3　各資産のなかに、「現物出資等受入れ資産」がある場合には、当該各資産の帳簿価額の合計額に、「現物出資等受入れ差額」を加算します（評基通186-2⑵かっこ書）。

　㊟1　「現物出資等受入れ資産」とは、現物出資若しくは合併により著しく低い価額で受け入れた資産又は株式交換又は株式移転により著しく低い価額で受け入れた株式のことを指します。

　㊟2　「現物出資等受入れ差額」とは、現物出資、合併、株式交換又は株式移転の時において当該現物出資等受入れ資産を評基達に定めるところにより評価した価額から当該現物出資等受入れ資産の帳簿価額を控除した金額をいいます。

　㊟3　「合併受入れ資産」（現物出資等受入れ資産が合併により著しく低い価額で受け入れた資産）において、上記の「評基通に定めるところにより評価した価額」は、その価額が被合併会社の帳簿価額を超えるときには、帳簿価額とします。

　㊟4　上記㊟2の「現物出資等受入れ差額」は、現物出資等の株式移転の時においてその「現物出資等受入れ資産」を評基通に定めるところにより評価した価額が、課税時期において当該

現物出資等受入れ資産を評基通に定めるところにより評価した価額を上回る場合には、課税時期において当該現物出資等受入れ資産を評基通に定めるところにより評価した価額から当該現物出資等受入れ資産の帳簿価額を控除した金額とします。

㊟5　上記「現物出資等受入れ差額」の加算は、課税時期における相続税評価額による総資産価額に占める現物出資等受入れ資産の価額（課税時期において評基通に定めるところにより評価した価額）の合計額の割合が20％以下である場合には、適用しません。

チェックポイント

欠損法人である評価会社が、被相続人の死亡により生命保険金を受け取った場合、保険差益の額から欠損金の額を控除して法人税額等を計算します。

→国税庁ホームページ質疑応答事例参照

4．株式の割当てを受ける権利等の発生している株式の価額の修正

原則的評価方式により取引相場のない株式を評価した場合において、その株式が次に掲げる場合に該当するときは、その価額をそれぞれ次の算式により修正した金額によって評価します（評基通187）。

算式

① 課税時期が配当金交付の基準日の翌日から配当金交付の効力が発生する日までの間にある場合

$$\left(\begin{array}{c} \text{原則的評価方式に} \\ \text{より評価した価額} \end{array} - \begin{array}{c} \text{株式1株に対して受} \\ \text{ける予想配当の金額} \end{array} \right)$$

② 課税時期が株式の割当ての基準日、株式の割当てのあった日又は株式無償交付の基準日のそれぞれ翌日からこれらの株式の効力が発生する日までの間にある場合

$$\frac{\begin{array}{c} \text{原則的評価方式に} \\ \text{より評価した価額} \end{array} + \begin{array}{c} \text{割当てを受けた株式1株} \\ \text{につき払い込むべき金額} \end{array} \times \begin{array}{c} \text{株式1株に対す} \\ \text{る割当株式数} \end{array}}{1 + \text{株式1株に対する割当株式数又は交付株式数}}$$

株価対策のヒント

●純資産に着目した株価対策

　「純資産価額方式」は、会社財産を相続税法に定める評価額により評価替えしたところの純資産価額により評価します。したがって、相続税評価額の高い資産から低い資産に組み換えることによって純資産価額は下がることになります。

　なお、土地等や建物等は、路線価や固定資産税評価額により評価するのが原則ですが、課税時期前3年以内にその会社が取得した土地等、建物等の評価は、課税時期における通常の取引価額に相当する金額で評価します。

〈ポイント〉

① 土地と建物の所有者との賃貸関係の確認

　　　　　⇒家賃、地代、権利金、契約内容（賃貸借・使用貸借）、

　　　　　　無償返還届出書の提出有無など

② 簿外資産の確認

　　　　　⇒借地権、定期借地権、中小企業倒産防止共済、

　　　　　　太陽光発電の即時償却、生命保険契約など

③ 代表者借入金

　　　　　⇒債権放棄や生前贈与など

Ⅶ 特例的評価方式（配当還元方式）

「特例的評価方式（配当還元方式）」は、同族株主等以外の株主のように、議決権割合の少ない株主の所有する株式について、過去の配当実績を10％の還元率で割り戻して株価を簡便的に算出する評価方法です。

算式

配当還元価額　＝

$$\frac{その株式に係る年配当金額}{10\%} \times \frac{その株式の1株当たりの資本金等の額}{50円}$$

（注）その株式に係る年配当金額が2円50銭未満のもの及び無配のものについては、2円50銭の配当があったものとして評価します。また、その配当金額は、特別配当、記念配当等の名称による配当金額のうち、将来毎期継続することが予想できない金額は除きます。

特例的評価方式で評価されることとなった少数株主が取得した株式については、その評価会社の会社規模や特定の評価会社に該当するか否かにかかわらず、原則として配当還元方式によって計算することになります。

配当還元方式の評価額は、原則的評価方式と比較すると、一般的には、低い株価で算定されることが多いのですが、原則的評価方式による評価額の方が低い時には、原則的評価方式によります。

（※同族株主の判定等については、69ページ参照）

チェックポイント

・課税時期において株式の割当てを受ける権利が発生している場合でも、配当還元方式により計算した株式の価額の修正は行いません。

→国税庁ホームページ質疑応答事例参照

アドバイス

●評価方法の趣旨等

　類似業種比準方式においては、直前期末以前2年間の年平均配当金額を基として計算した1株当たりの配当金額を用いますが、この場合の年平均配当金額は、配当還元方式における年平均配当金額の算定方法と同じです。しかし、配当還元方式にあっては、年平均配当金額の最低を2円50銭としている点が、類似業種比準価額計算上の取扱いとは異なっています。

　資本（元本）還元率を10％としているのは、取引相場のない株式は、①将来の値上り期待その他配当金の実額による利回り以外の要素がある上場株式とは性質が異なっていること、また、②収益が確定的であり、安定している預金、公社債とも異なることなどから、比較的高い還元率を採用することによって評価の安全性を図ることとしたものです。

　また、年配当金額が1株の資本金の額を50円とした場合、2円50銭に満たないとき又は無配であるときには年配当金額を2円50銭とすることとしています。これは、一般的にいって、取引相場のない株式の発行会社においては、実際に配当可能利益があるにもかかわらず、政策的にこれを留保し配当しない場合が多くみられることを考慮しているものです。

Ⅷ 特定の評価会社の株式

　特定の評価会社とは、株式や土地など特定の資産の保有割合が著しく高い会社や、営業状態等が一般の評価会社と異なる会社のことをいいます。

　このような一定の会社は、一般的な評価会社と異なって、会社規模や株主の態様の区分に応じた原則的な評価方式等をそのまま適用すると株式の適正価格を算定できないことがあるため、評価会社の規模区分に関わらず、その態様に応じた評価方法が定められています。特定の評価会社に該当している会社、例えば、清算中の法人や開業して間もない法人の場合、また土地や株式など一定の財産を偏って所有している場合には、法人の規模に関わらず類似業種比準価額の適用が制限されます。

　特定の評価会社の株式とは、評価会社の資産の保有状況、営業の状況等に応じて定めた評価会社の株式をいい、次の区分に従って評価します。

　なお、特定の評価会社の判定において2以上の特定の評価会社に該当する場合には、次の表の後の番号に該当することになります（評基通189）。

会社の態様	会社区分		評価方式	
支配株主（同族株主等）	特定の評価会社	① 比準要素数1の会社（注1）	類似業種比準価額×0.25＋資産価額(注3)×0.75	純資産価額といずれか少ない金額
		② 株式保有特定会社	S_1+S_2方式	
		③ 土地保有特定会社	純資産価額方式（注3）	
		④ 開業後3年未満の会社		
		⑤ 比準要素数0の会社（注2）		
		⑥ 開業前・休業中の会社	純資産価額方式	
		⑦ 清算中の会社	清算分配見込額の複利現価方式（注4）	

（注1）直前期を基準として1株当たり配当・利益・簿価純資産のうち、いずれか2つが0で、かつ、直前々期を基準として1株当たり配当・利益・簿価純資産のうち、いずれか2以上が0の会社

（注2）直前期を基準として1株当たり配当・利益・簿価純資産の3要素が0の会社

（注3）議決権割合が50%以下の同族株主グループに属する株主は、その80%で評価します。

（注4）分配を行わず長期にわたり清算中のままになっているような会社の株式の価格は、1株当たりの純資産価額（相続税評価額によって計算した金額）によって評価します。→国税庁ホームページ質疑応答事例参照

1．比準要素数 1 の会社

　「比準要素数1の会社」とは、類似業種比準価額の計算において使用する3つの要素（1株当たりの年配当金額、年利益金額、純資産価額）のうち、直前期末における2の比準要素について「0」となっており、かつ、直前々期末における2以上の比準要素についても「0」となっている会社をいいます。

　「比準要素数1の会社」は、類似業種比準を適用する前提を欠いているため、原則として純資産価額方式（80％評価も可）によって評価することとされています（評基通189(1)、189－2）。

　一方、休業中の会社や清算中の会社の株式について純資産価額方式により評価することとのバランスからすれば、比準要素数1の会社は、事業を継続していることから、その株式の評価においてある程度収益性を考慮することにも合理性があると考えられます。また、収益性に配慮することとしても、小会社の株式の評価において2分の1のウェイトで類似業種比準方式を併用していることとのバランスからみると、これよりも低いウェイトで収益性の観点を採り入れることが適当であると考えられます。

　そこで、比準要素数1の会社の株式については、納税者の選択により、類似業種比準方式の適用割合（Lの割合）を「0.25」として類似業種比準方式と純資産価額方式との併用方式により評価することができるとされています（評基通189－2ただし書）。

　一般的には、類似業種比準価額が純資産価額より低いことが多いので、比準要素数1の会社の株価は高くなりがちです。

チェックポイント

　「比準要素数1の会社」の判定を行う場合、「1株当たりの配当金額」、「1株当たりの利益金額」及び「1株当たりの純資産価額(帳簿価額によって計算した金額)」が少額のため、評価明細書の記載に当たって0円となる場合には、配当金額、利益金額及び純資産価額の要素は0とします。

→国税庁ホームページ質疑応答事例参照

◆比準要素数1の会社の判定

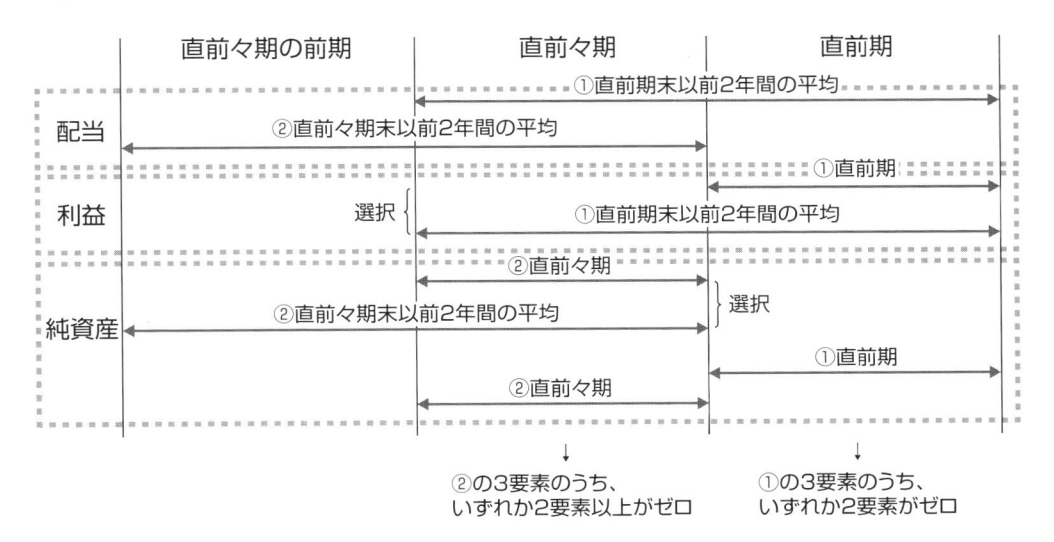

②の3要素のうち、
いずれか2要素以上がゼロ

①の3要素のうち、
いずれか2要素がゼロ

株価対策のヒント

● 「1株当たりの年利益金額」が「0」に該当するかの判定

【設例】

　比準要素数1の会社を判定するための「1株当たりの年利益金額」の判定について、下の表のようなケースは、これに該当しません。

区分	ケース1	ケース2	ケース3	ケース4
①　直前期	▲15円	5円	▲20円	▲20円
②　直前々期	20円	▲15円	15円	▲15円
③　直前々期の前期	10円	10円	▲10円	20円
判定	直前期はマイナスですが、①＋②の2期平均利益金額がプラスなので該当しない。	①の直前期がプラスなので該当しない。	直前期はマイナスで、①＋②の2期平均利益金額もマイナスですが、②＋③の2期平均利益金額がプラスなので該当しない。	直前期はマイナスで、①及び②の2期平均利益金額もマイナスですが、②＋③の2期平均利益金額がプラスなので該当しない。

　さらに、ケース2の場合には、株式等の評価計算において、①＋②の2期平均の年利益金額を選択した方が評価額は低くなるケースもあるので、選択を誤らないようにしなければなりません。

株価対策のヒント

●比準要素数1に該当している場合の株価の例

　比準要素数1に該当している会社と該当していない会社の株式評価額を比較すると次のようになります。

　※　選択可能な場合、有利な方法を選択するものとし、簡略化のため類似業種比準価額等の斟酌率は考慮していません。

〈比準要素数1に該当している場合〉

区分	株価		大会社	中会社			小会社
	類似業種	純資産		大	中	小	
A社	100	500	400	400	400	400	400
B社	200	300	275	275	275	275	275
C社	300	200	200	200	200	200	200

〈比準要素数1に該当していない場合〉

区分	株価		大会社	中会社			小会社
	類似業種	純資産		大	中	小	
A社	100	500	100	140	200	260	300
B社	200	300	200	210	225	240	250
C社	300	200	200	200	200	200	200

　上の2つの表を見ると、A社で会社規模区分が「中会社の小」である場合に、比準要素数1の会社に該当すると、株価は400円（比準要素数1の会社でなければ260円）となります。会社に資金的な余力がある場合は、配当を行うことが株価を下げるための最も簡単な株価対策になります。

2．株式保有特定会社の株式

　「株式保有特定会社」とは、課税時期において、評価会社が保有する株式及び出資（以下「株式等」といいます。）の相続税評価額の割合が、総資産の相続税評価額に対して50％以上である会社のことをいいます。

　会社の資産構成が、類似業種比準方式における標本会社（上場会社）に比べて著しく株式等に偏っている会社の株価は、その保有する株式等の価値に依存する割合が高いものと

　考えられ、一般の評価会社に適用される類似業種比準方式を適用しても適切な株価の算定ができないと考えられます。そこで、このような株式の評価は、原則として、その資産価値をより良く反映し得る純資産価額方式により評価することとされています（評基通189(2)）。

　また、評価会社の経営の実態に応じ、実質的に類似業種比準方式の適用も受けられるよう、納税者の選択により、「S₁＋S₂」の算式により評価できることとされています（評基通189－3ただし書）。

　「S₁＋S₂」は、株式等の資産構成割合が高い会社のなかでも相当規模の事業を営んでいる会社については、その事業相当分の営業の実態も株式の評価に織り込む必要があるため、保有株式等とそれ以外の資産とに区分して、それぞれについての評価を行い、それらを合算するものです。「S₁＋S₂」方式の概念図は、次の**【国税庁ホームページ質疑応答事例】**をご覧ください。

チェックポイント

判定の基礎となる「株式又は出資」の範囲

① 証券会社が所有する商品としての株式→含まれる

② 外国株式→含まれる

③ 株式制のゴルフ会員権→含まれる

④ 匿名組合の出資→含まれない

⑤ 証券投資信託の受益証券→含まれない

→国税庁ホームページ質疑応答事例参照

【国税庁ホームページ質疑応答事例】

受取配当金等収受割合が負数となる場合の計算方法

（課税時期が平成30年1月1日以降の場合）

＜照会趣旨＞

　株式等保有特定会社の株式の評価に当たり、S₁の金額を計算する際の受取配当金等収受割合の計算上、受取配当金等の額を超える営業損失がある場合（分母が負数となる場合）には、受取配当金等収受割合を0とするのでしょうか。それとも1とするのでしょうか。

＜回答要旨＞

　受取配当金等収受割合を1として計算します。

（理由）

1．株式等保有特定会社の株式については、その資産価値を的確に反映し得る純資産価額方

式を原則的な評価方法として定めています（評基通189－3）が、納税者の選択により「S_1 ＋S_2」方式によっても評価できるものとしています（評基通189－3ただし書き）。この評価方式は、その会社の営業の実態が評価額に反映されるよう、部分的に類似業種比準方式を取り入れたものであり、その保有している株式等の価額（S_2）とその他の部分の価額（S_1）に二分して評価するものです。

「S_1＋S_2」方式の概念図

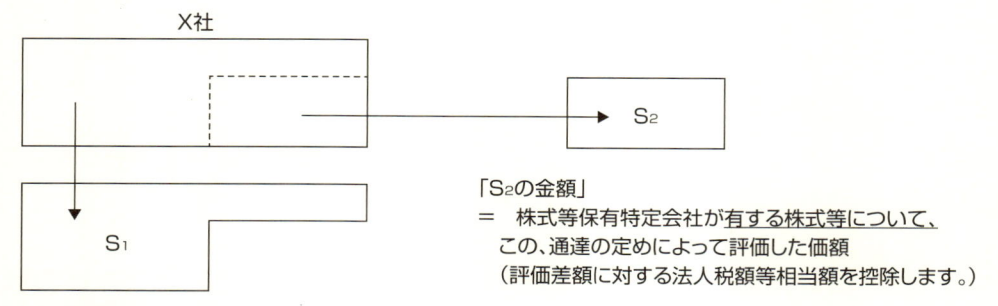

「S_2の金額」
＝　株式等保有特定会社が有する株式等について、
この、通達の定めによって評価した価額
（評価差額に対する法人税額等相当額を控除します。）

「S_1の金額」
＝　株式等保有特定会社が有する株式等と当該株式等に係る受取配当金等の
収入がなかったとした場合の同社株式の原則的評価方法による評価額

2．具体的には、株式等保有特定会社が有している株式等のみを取り出して、その価額を計算し、次にS_2を取り出した後の株式の価額を原則的評価方式によって評価します。ただし、S_1はS_2を取り出した後の評価額の計算となることから、S_2を取り出したことによる影響を考慮した一定の修正計算が必要となります。そこで、「S_1の金額」を類似業種比準方式により評価する場合におけるこの影響度の算定方法は、「受取配当金等収受割合」を基として修正計算を行うこととしているものです。

3．「受取配当金等収受割合」は、財産評価基本通達189－3(1)において次のように求められ、1を上限としています。

$$\frac{\text{直前期末以前2年間の受取配当金等の額の合計額}}{\text{直前期末以前2年間の受取配当金等の額の合計額} + \text{直前期末以前2年間の営業利益金額の合計額}}$$

受取配当金等収受割合の上限を1とすることとしているのは、営業損失の多寡にかかわらずその割合の上限を1とする趣旨です。このような会社は、受取配当金等がその会社の収益に100％寄与している会社であるといえますので、営業損失が受取配当金等の額を超えるとしても、受取配当金等収受割合を1として計算することとなります。

＜関係法令通達＞

財産評価基本通達189－3(1)

3．土地保有特定会社

　「土地保有特定会社」とは、課税時期において、評価会社の会社区分に応じて、当該会社が保有する土地及び土地の上に存する権利（以下「土地等」といいます。）の相続税評価額の割合が、総資産の相続税評価額に対して一定の割合以上ある会社をいい、図で整理すれば次のようになります。

　なお、「土地保有特定会社」の株式は、原則として純資産価額方式より評価されることとされていますが、その趣旨は前記**2**の「株式保有特定会社」と同じです。

◆土地保有特定会社の判定基準

区　分	土地保有特定会社（相続税評価額による）			
大会社	70%以上			
中会社	90%以上			
小会社	純資産価額（帳簿価額）			土地保有割合（相続税評価額による）
	卸売業	小売・サービス業	卸売・小売・サービス業以外	
	20億円以上	15億円以上		70%以上
	20億円未満7,000万円上	15億円未満4,000万円以上	15億円未満5,000万円以上	90%以上
	7,000万円未満	4,000万円未満	5,000万円未満	適用除外

【国税庁ホームページ質疑応答事例】

不動産販売会社がたな卸資産として所有する土地等の取扱い

＜照会趣旨＞

　土地保有特定会社の株式に該当するかどうかの判定において、評価会社の有する各資産の価額の合計額のうちに占める土地等の価額の合計額の割合を求める際、不動産販売会社がたな卸資産として所有する土地等については、判定の基礎（土地等）に含まれるのでしょうか。

＜回答要旨＞

　判定の基礎に含まれます。

（理由）

　判定の基礎となる土地等（土地及び土地の上に存する権利）は、所有目的や所有期間のいかんにかかわらず、評価会社が有している全てのものを含むこととしていますので、たな卸資産に該当する土地等も含まれることになります。

　なお、この場合の土地等の価額は、財産評価基本通達4－2（不動産のうちたな卸資産に該当するものの評価）の定めにより同132（評価単位）及び同133（たな卸商品等の評価）により評価します。

＜関係法令通達＞

　財産評価基本通達4－2、132、133、189(3)

アドバイス

●特定会社はずし

　評価会社が、株式保有特定会社又は土地保有特定会社に該当する会社かどうかを判定する場合、課税時期前において合理的な理由もなく評価会社の資産構成に変動があり、その変動が該当する株式保有特定会社又は土地保有特定会社と判定されることを免れるためのものと認められる場合は、その変動はなかったものとして当該判定を行うものとされています。

　すなわち、合理的な理由もなく、株価の減額のみを目的とした資産の異動は、なかったものとみなされることがあります。

第6章
税務上の評価に係る
判決・裁決の例

　本章においては、実際に取引相場のない株式の評価について争われた裁判例や裁決例をご紹介しますので、評価のポイントを押さえる参考にしてください。

　特に判決例Ⅱ〜Ⅲで触れる評基通6項と「特別の事情」については、経営承継法評価ガイドラインによって評価された価格と、税務上の評価の関連を検討する際に参考になると思われます。

Ⅰ　議決権数による株主区分の判定

～国税不服審判所裁決平成16年３月23日～
（株主区分による評価方法の違い）

　評基通188の規定に基づき株主区分の判定を行うに当たり、発行済株式数から控除する株式は、同188-３及び同188-４に定める株式に限られず、むしろ同188の定めにおける発行済株式数に、議決権を有しないこととされる株式及び議決権のない株式は、当然に含まれないとした事例です。

1. 裁決要旨

　「株主区分の判定について、株式の保有割合を基とした会社支配の可否を基本的な考え方としているのは、商法240条が株主総会の決議要件である発行済株式数に議決権のない株式等を算入しない旨を規定していることと符合させたものと解することが相当である。そうすると、評基通178における原則的な評価方法に対して設けられた同188の特例的評価方法についても、会社支配に関係する株式について比較すべきであり、株式の保有割合を判定する場合における発行済株式数についても、議決権を有しないこととされる株式及び議決権のない株式は、当然に含まれないと解すべきものである。また、上記の商法の改正経緯と財産評価基本通達の整備状況から、限定的に財産評価基本通達188-３及び188-４が定められたと解することは相当ではなく、課税実務上、必要な範囲で発行済株式数から控除される株式を明示したものと解すべきである。そうすると、株式の保有割合の判定において、発行済株式数に自己株式及び単位未満株式を含めることは、商法がこれらの株式について議決権を有しないこととした趣旨に照らしてみると、株主総会の決議における株主の議決権割合ともそごを来すことにもなり合理性が見出されないから、むしろ、同通達188-３及び188-４に定める株式と同様に、発行済株式数から控除することが相当であると認められる。したがって、株主区分の判定において、単位未満株式については、議決権のない株式であることから発行済株式数から控除すべきであり、請求人らの主張は採用できない。」

2．コメント

　評価会社の発行株式の中に、相互保有株式、自己株式、単位未満株式が含まれる場合、これらの株式は議決権を有しないこととなる株式あるいは議決権のない株式に該当しますので、同族会社の議決権割合を算定するに際しては、議決権総数から除かれることになります。

　本裁決は、議決権の数によって同族株主の判定を行う評価方法の趣旨について参考となるものです。

Ⅱ 株式売却時に純資産価額が保障されている場合の株式の評価方法

～東京高裁平成12年9月28日判決～
（評基通6項適用）

本判決で評価の対象となった株式への出資に当たり、次のような商品説明がなされたもので、融資を絡めたいわゆる節税スキームであると思われます。

① 本件非上場株式（以下「本件株式」といいます。）の売却を希望する場合には、本件株式を純資産価額で買い取ること

② 本件株式が将来公開された場合には出資者はキャピタルゲインが得られること

③ 出資者は常に少数株主となる仕組みになっているため、出資者の保有する本件株式は相続税及び贈与税の課税価格計算上配当還元方式で評価することができ節税になる

本判決は、評基通に即した配当還元法による評価を主張する控訴人（原告）に対して、評基通6項が発動され、純資産価額で評価すべきとされた事例です。

1. 判決要旨

⑴ 相続税法22条にいう「時価」の意義

「相続税法22条にいう「時価」とは、相続開始時における当該財産の客観的交換価値、すなわち、それぞれの財産の現況に応じ、不特定多数の当事者間において自由な取引が行われる場合に通常成立すると認められる価格をいうと解すべきところ、すべての財産の客観的交換価値が必ずしも一義的に確定されるものではないから、納税者間の公平、納税者の便宜、徴税費用の節減という見地に立って、合理性を有する評価方法により画一的に相続財産を評価することも、右評価額が時価を超えない限り適法ということができる。その反面、いったん画一的に適用すべき評価方法を定めた場合には、納税者間の公平、納税者の信頼保護の見地から、財産評価基本通達に定める方法が合理性を有する場合には、右通達によらないことが正当として是認され得るような特別の事情がある場合を除き、右通達に基づき評価することが相当である。」

⑵ 評基通によらないで評価することが許される場合

「財産評価基本通達に定められた評価方式を形式的に適用すると、かえって実質的な租税負担の公平を著しく害するなど、右評価方式によらないことが正当として是認され得るような特別の事情がある場合には、他の合理的な方式により評価することが許されると解

される。」

(3)　同族株主以外の株主の保有する株式の評価方法

　「同族会社においては、株式が上場されるか否か及び会社経営等について、同族株主以外の株主の意向はほとんど反映されないこと、会社の経営内容、業績等の状況が同族株主以外の株主の有する株式の価額に反映されないこと等からすれば、これらの株主が株式を所有する実益は配当金の取得にあるといえるから、財産評価基本通達が、同族株主以外の株主の保有する株式の価額を配当還元方式により評価することとしているのは、合理性を有するといえる。」

(4)　純資産価額による買取りが保障されている場合

　「取引相場のない株式の時価は、当該株式を処分した場合に実現されることが確実と見込まれる金額というべきところ、本件株式については、同族株主以外の株主がその売却を希望する場合には、同族株主である○●社によって純資産価額による買取りが保障されており、現に相続開始の日の翌日には、右価額が実現されているのであるから、本件相続開始日において本件株式を処分した場合に実現されることが確実と見込まれる金額は、その前月末現在における本件株式につき純資産価額方式により計算された金額、1株当たり1万7,223円であり、右金額が本件株式の時価と認められる。そして、財産評価基本通達が同族株主以外の株主の保有する株式につき配当還元方式を採用しているのは、通常、少数株主が株式を保有する経済的実益は主として配当金の取得にあることを考慮したものであるところ、本件株式を保有する経済的実益は、株式売却時に保障される純資産価額相当額の売却代金の取得にあると認められるから、右通達の趣旨は本件株式には妥当せず、また、本件株式を配当還元方式で評価し、株式取得資金に係る借入金等を相続債務として控除した場合の相続税額が約3億円であり、本件株式を取得しなかった場合の相続税額が約21億円となることからすれば、形式的に同通達を適用することによってかえって実質的な公平を著しく欠く結果となると認められ、同通達によらないことが正当として是認され得るような特別の事情がある場合に該当し、租税負担の実質的な公平を著しく害してまで、相続税回避の意図を保護すべき理由はない。」

(5)　国税庁長官の個別的な指示

　「原告らは、本件更正処分は株式につき評価通達の定める配当還元方式によらずに評価するに当たり、国税庁長官の個別的な指示を得ていないから財産評価基本通達6項の規定に違反する旨主張する。しかし、同通達6項の規定は、国民と行政機関の関係について平等原則の観点から行政機関の権限の行使を制限する目的で定められた規定ではなく、行政組織内部における機関相互の指示、監督に関して定めた規定であるから、同通達6項に違

反することから直ちに国民の権利、利益に影響が生じるものではなく、原告らの主張は、自己の利益に直接関係のない主張というべきであり、同通達6項に行政作用の統一、行政作用に関する国民の予測可能性の確保という目的があることを考慮しても、右の理が変わるものではなく、原告らの主張は理由がない。」

２．コメント

　取引相場のない株式の評価に当たっては、評基通に定められた評価方式を形式的に適用することによって、かえって租税負担の実質的な公平を著しく害する場合には評基通6項が発動されるケースがあります。本判決は、いわゆる節税スキームに対して評基通6項が発動された事例です。節税スキームには過度に評価額の軽減を図るものや、多額の融資を組み込む商品に対しては慎重に検討を加えることが必要です。

【相続税法第22条】

（評価の原則）

　この章で特別の定めのあるものを除くほか、相続、遺贈又は贈与により取得した財産の価額は、当該財産の取得の時における時価により、当該財産の価額から控除すべき債務の金額は、その時の現況による。

【財産評価基本通達6】

（この通達の定めにより難い場合の評価）

　この通達の定めによって評価することが著しく不適当と認められる財産の価額は、国税庁長官の指示を受けて評価する。

Ⅲ　同族株主から非同族株主へ株式移転する場合の時価

～東京地裁平成17年10月12日判決～
（評基通 6 項非適用）

　原告が、取引先である非上場会社の株式を同社の会長職にあった者から、配当還元価格をやや上回る程度の価額で売買によって譲り受けたところ、税務署長である被告が、株式の譲受けは相続税法 7 条の「著しく低い価額の対価で財産の譲渡を受けた場合」に該当すると認定し、譲受けの対価と被告が独自に算定した株式の時価との差額に相当する金額を課税価格とする贈与税の決定処分及び無申告加算税賦課決定処分をしたため、原告が各処分の取消しを求めた事案で、取引相場のない株式の評価に当たり、評基通に定められた配当還元方式によらないことが正当と是認されるような「特別の事情」の有無が争われたものです。

1.　判決要旨

　「株式発行会社の取引先である会社の代表者Ｘ（外国人）が株式発行会社の取締役会長から株式を買い受けた場合において、［1］当該株式の取引価格は、 1 株100円であること、［2］配当還元方式により評価した価格は、75円であること、［3］本件売買取引後のＡ社株式を保有する割合は6.6％に過ぎず、Ａ社株式を保有するＢ社及びＣ社株式の保有割合は、それぞれ7.5％、25.3％であって、譲渡人及びその親族の有する株式の保有割合と比較して、ＸがＡ社の事業経営に実効的な影響力を与え得る地位を得たものとは認められないこと、［4］Ｘが株式売買代金の支払原資とした銀行借入金債務を譲渡人及び譲渡人の相続人が保証しているが、借入金の利息自体はＸが支払っており、実質的な金銭支出を伴うことなく株式を取得したとはいえないこと、［5］本件売買取引の経緯に不自然、不合理な点はなく、譲渡人側の相続・事業承継対策の一環として行われたことが、本件売買取引が実質的に贈与に等しいとか、贈与税の負担を免れる意図が存したということに直ちにつながるものではないこと、［6］Ａ社株式の売買実例価格 1 株793円及び806円は、類似業種比準方式ないしこれと純資産価額とを参酌して評価されたものであるとしても、配当収入以外に期待するものがない非同族株主について配当還元方式による評価によらないで類似業種比準方式ないし純資産価額方式によって評価することが正当化されるほどの客観性を備えたものとはいえないこと、以上によれば、財産評価基本通達に定める評価方法によ

らないで評価することが相当とされるような特段の事情が存するとはいえない。」

２．コメント

　本件取引を譲渡人側からの視点で見ると、評価対象会社の取引先の代表者に、配当還元価格をやや上回る程度の価額で同族会社の株式を買い取ってもらったのであるから、原則的評価方式との差額が節税につながることになり、株価対策の一環として行われたものであることがうかがわれます。このため、課税庁は、評基通６項によって、評基通に定められた評価方法によらないことが正当と是認されるような「特別の事情」を主張したものです。

　しかしながら、判決は、譲受人の視点からみて、株式の低額譲受けによる利益を受けたか否かの判断をすべきことが示され、譲渡人の相続・事業承継対策として行われた株式の売買が、譲渡人と何ら親族関係のない譲受人の贈与税課税に直ちにつながるものではないとされました。贈与税が受贈者に課税されることを考えれば、首肯することができるでしょう。

アドバイス

●評基通６項と裁判における「特別の事情」

　課税実務においては評基通に従った評価が定着していますが、通達は法令ではなく、また、個別の相続財産等の評価は、その価額に影響を与えるあらゆる事情を考慮して行われるべきものです。したがって、ある相続財産等の評価が評基通と異なる基準で行われたとしても、それが直ちに違法となるわけではなく、評基通６項においても、「この通達の定めによって評価することが著しく不適当と認められる財産の価額は、国税庁長官の指示を受けて評価する。」と定められています。

　特に、取引相場のない株式の評価については、「特別の事情」によって、評基通６項が適用される事例が散見されます。

　裁判例により、評基通６項適用の判断基準をまとめれば、次の４項目が掲げられます。

評基通６項適用の判断基準	
(1)	評基通による評価の合理性の欠如
	→評基通による評価方法を形式的に適用することの合理性が欠如していること
(2)	合理的な評価方法の存在
	→他の合理的な時価の評価方法が存在すること
(3)	著しい価額の乖離の存在
	→評基通による評価方法に従った価額と他の合理的な時価の評価方法による価額の間に著しい乖離が存在すること
(4)	納税者の行為の存在
	→納税者の行為が存在し、当該行為と(3)の「価額の間に著しい乖離が存在すること」との間に関連があること

１．評基通による評価の合理性の欠如

　評基通６項適用に係る裁判例においては、評基通そのものの意義について、「課税実務上は、納税者間の公平、納税者の便宜、徴税費用の節減という見地から、相続税法が規定する相続税及び贈与税の対象となる財産の評価の一般的規準が評価基本通達により定められ、そこに定められた画一的な評価方法により同財産の評価をすることとされている。このように画一的な評価方法により同財産の評価を行うことは、その評価方式が合理性を有する」（大阪高裁平成17年５月31日判決）と判示され、評基通は一般的合理性を有し、画一的な評価のために必要なものであるとされています。

　一方で、「路線価方式により算定される評価額が客観的時価を上回る場合には、路線価方式により算定される評価額をもって法が予定する時価と見ることはできないものというべきであり、かかる場合には、評価通達の一律適用という公平の原則よりも、個別的

評価の合理性を尊重すべき」（東京地裁平成9年9月30日判決）、あるいは「相続直前に
その出資総数の52％相当分を有力な取引関係先に著しく廉価な価額で譲渡するという経
済的合理性を欠いた行為をし、自らは出資総数の48％弱を保有し、引き続き本件有限会
社の経営を実効支配しているような場合に、評価通達を形式的に適用したのでは、相続
財産の価額が不当に減少し、相続税負担の実質的公平を損なうことは明らかである」（東
京高裁平成17年1月19日判決）と判示しているとおり、各事案を個別的に検討し一般的
合理性が欠如している場合に「特別の事情」が存在し、評基通6項の適用が可能となる
と判断されています。

　取引相場のない株式等の場合には、例えば、次のような場合に該当します。

① 　純資産価額方式における評価差額がことさら人為的に作出されたものである場合
② 　当該株式等について買取保障がされている場合（120ページ判決例**Ⅱ**参照）
③ 　評価会社を実効的に支配し得る者が取得した株式等であるにも関わらず、評価通
　　達の定めにより判定すると同族株主以外の株主が取得した株式等に該当するため、形
　　式的には配当還元方式を適用せざるを得ない場合

2．合理的な評価方法の存在

　取引相場のない株式等の場合には、例えば、株式鑑定評価や、評基通に定める評価方
法を株式等の実態に応じて一部修正する方法などが、これに該当します。

3．著しい価額の乖離の存在

　「著しい価額の乖離」について形式的な基準は特に定められておらず、個別事案ごとに
判断を行うことになるでしょう。

4．納税者の行為の存在

　取引相場のない株式等の場合には、例えば、買取保証の下での出資及び買取りの実現（売
却）や有限会社を設立し当該会社の出資を著しく低い価額で現物出資することなどが、「納
税者の行為」に該当します。

　山田重將「財産評価基本通達の定めによらない財産の評価について－裁判例における「特別の事情」の検討を
中心に－」（税務大学校ホームページ・税大論叢80号参照）

Ⅳ 第三者からの低額譲受

～東京地裁平成19年1月31日判決～
（相続税法7条適用）

　株式会社の代表取締役が複数の株主から同社の株式を買い受けたところ、当該株式の売買は、相続税法第7条に規定する「著しく低い価額の対価で財産の譲渡を受けた場合」に該当するとして、決定処分等がされた事例で、相続税法第7条は、取引当事者間に租税回避の問題が生じるような特殊な事情が存在する場合に限って適用されるのか、また、同条に規定する「時価」の算定に当たり、評基通で定める方法によって評価することの合理性について争われたものです。

1. 判決要旨

(1) 相続税法7条の趣旨

　「相続税法7条の趣旨は、法律的にみて贈与契約によって財産を取得したのでないが、経済的にみて、当該財産の取得が著しく低い対価によって行われた場合に、その対価と時価との差額については実質的に贈与があったとみることができることから、この経済的実質に着目して、税負担の公平の見地から課税上はこれを贈与とみなすというものである。」

(2) 相続税法7条は、租税回避の意図がない取引及び第三者間の取引にも適用されるか

　「相続税法7条の趣旨及び規定の仕方に照らすと、著しく低い価額の対価で財産の譲渡が行われた場合には、それによりその対価と時価との差額に担税力が認められるのであるから、税負担の公平という見地から同条が適用されるというべきであり、租税回避の問題が生じるような特殊な関係にあるか否かといった取引当事者間の関係及び主観面を問わないものと解するのが相当である。原告は、独立第三者間取引が行われた場合に相続税法7条が適用されると、取引価額は評価通達に拘束され、価額設定の自由が奪われることになり、資本主義経済取引を否定することになるから、それを避けるため、同条を適用する際は、本来の立法目的に従い、租税回避の意図があることを主観的要件とするか、又は、独立第三者間取引には同条を適用するべきでない旨主張するが、同条は、著しく低い価額の対価で財産の譲渡を受けた者の担税力の増加に着目し、それ自体に課税するものであるから、取引当事者間の関係及び主観面を問わないものと解すべきであるし、独立第三者間取引において同条が適用されるからといって、そのことにより、直ちに一般市場における取

引価額が評価通達に定められた価額に拘束され、価額設定の自由が奪われるというものではない。したがって、同条において、租税回避の意図があることを主観的要件とするか、又は、独立第三者間取引には同条を適用するべきでない旨の原告の主張を採用することはできない。」

(3)　相続税法7条にいう「時価」の意義

「相続税法7条にいう「時価」とは、課税時期における客観的交換価値、すなわち課税時期において、それぞれの財産の現況に応じ、不特定多数の当事者間で自由な取引が行われた場合に通常成立する価額をいうものと解するのが相当である。」

(4)　財産評価基本通達の合理性

「財産の客観的交換価値は必ずしも一義的に確定されるものでなく、これを個別に評価することとなると、その評価方法及び基礎資料の選択の仕方等により異なった評価額が生じることが避け難く、また、課税庁の事務負担が重くなり、課税処理の迅速な処理が困難となるおそれがあることから、課税実務上は、財産評価の一般的基準が財産評価基本通達によって定められ、これに定められた評価方法によって画一的に評価する方法が執られているところ、このような扱いは、納税者間の公平、納税者の便宜及び徴税費用の節減という見地からみて合理的であり、一般的には、すべての財産についてこのような評価を行うことは、租税負担の実質的公平を実現することができ、租税平等主義にかなうものである。」

(5)　財産評価基本通達に定められた評価方法によらない評価が許容される場合

「財産評価基本通達に定められた評価方法を画一的あるいは形式的に適用することによって、かえって実質的な租税負担の公平を著しく害し、相続税法あるいは同通達自体の趣旨に反するような結果を招くような特別な事情が認められない限り、同通達に定められた評価方法によって画一的に時価を評価すべきである。」

(6)　本件への当てはめ

「原告による本件株式の譲受けは、主として原告の都合により進められ、買取りの申出から価額設定に至るまで、常に原告が主導的立場に立っていたのであって、その譲受価額は、原告が、一方的に決めた価額であり、合理的な方法に基づく計算を行った事実も認められず、譲渡人においても、本件株式の客観的交換価値を把握することが困難であったこと等によれば、その譲受価額はその客観的交換価値を正当に評価したものとはいえず、また、本件において、財産評価基本通達に定められた評価方法を画一的あるいは形式的に適用することにより、かえって実質的な租税負担の公平を著しく害し、相続税法あるいは同通達自体の趣旨に反するような結果を招くというような特別な事情は認められないため、本件株式の時価は、原則どおり、評価通達の定める方法によって評価すべきものである。」

「相続税法7条に規定する「著しく低い価額の対価」に該当するか否かは、社会通念に従って判断すべきところ、本件株式の譲受価額は、財産評価基本通達の規定する純資産価額の5.7％ないし21.8％にすぎないから、本件株式の譲受けは、相続税法7条にいう「著しく低い価額の対価で財産の譲渡を受けた場合」に当たる。」

2.　コメント

　A社の代表取締役である原告が、複数の株主から株式を買い受けたところ、当該株式の売買は、相続税法第7条に当たるとして、贈与税の決定処分等がされたため、処分の取消しを求めた事案で、「著しく低い価額の対価で財産の譲渡が行われた場合には、それによりその対価と時価との差額に担税力が認められるのであるから、税負担の公平という見地から、同条が適用されるというべきであり、租税回避の問題が生じるような特殊な関係にあるか否かといった、取引当事者間の関係及び主観面を問わないものと解するのが相当である」とし、請求を棄却した事例です。

　取引相場のない株式の売買に当たっては、譲渡人及び譲受人の人格によって、売買価額と時価との差額に対する課税関係が異なるので、注意が必要です。

【相続税法第7条】

（贈与又は遺贈により取得したものとみなす場合）

　著しく低い価額の対価で財産の譲渡を受けた場合においては、当該財産の譲渡があった時において、当該財産の譲渡を受けた者が、当該対価と当該譲渡があった時における当該財産の時価（当該財産の評価について第三章に特別の定めがある場合には、その規定により評価した価額）との差額に相当する金額を当該財産を譲渡した者から贈与（当該財産の譲渡が遺言によりなされた場合には、遺贈）により取得したものとみなす。ただし、当該財産の譲渡が、その譲渡を受ける者が資力を喪失して債務を弁済することが困難である場合において、その者の扶養義務者から当該債務の弁済に充てるためになされたものであるときは、その贈与又は遺贈により取得したものとみなされた金額のうちその債務を弁済することが困難である部分の金額については、この限りでない。

Ⅴ 3年以内に取得した建物の「通常の取引価額」

～国税不服審判所裁決平成10年6月5日～
（純資産価額方式の論点：評基通185かっこ書）

　評基通185かっこ書において、評価会社が課税時期前3年以内に取得又は新築した土地等並びに家屋及びその附属設備又は構築物の価額は、課税時期における「通常の取引価額」に相当する金額によって評価するものとし、当該土地等又は当該家屋等に係る帳簿価額が課税時期における通常の取引価額に相当すると認められる場合には、当該帳簿価額に相当する金額によって評価することができるものとするとされていますが、正当な不動産鑑定評価により算定した金額が帳簿価額を下回るような場合、その鑑定評価額が「通常の取引価額」と認められるか否かが争われた事例です。

1. 裁決要旨

　「財産評価基本通達185のかっこ書に定める「通常の取引価額」について、原処分庁は、本件建物は相続開始日の約2年前に取得され取得価額が明らかであることから、この取得価額を基に減価償却費相当額を控除した金額、すなわち評価会社の帳簿価額により評価するのが相当である旨主張し、審査請求人は、請求人が求めた鑑定評価書の鑑定評価額によるべきである旨主張する。しかしながら、本件鑑定評価額は、その価格時点を本件相続開始日とし、本件建物の再調達原価を求めた上、これを減価修正し、更に借家権の割合を控除して貸家の用に供されているものとして算出されているところ、その鑑定根拠については当審判所が調査した結果、特に不相当と認められる要素はない。そうすると、本件鑑定評価額は帳簿価額よりも時価を反映したものとして、これをもって財産評価基本通達185のかっこ書にいう「通常の取引価額」と認めるのが相当である。」

　※　本裁決は、取引相場のない株式等を純資産価額によって評価する場合に、特別な理由があると認められるときは、法人税額等相当額を控除せずに評価することが妥当であるという判断した事例でもあります。

　「被相続人が本件出資の取得に際し、著しく低額な価額で現物出資を行ったことは、多額の評価差額を創り出し、これを形式的に財産評価基本通達185を適用して法人税額等相当額を控除して計算することにより、相続税の負担の軽減を図るためのものであると推認されるところ、この場合に法人税額等相当額を控除して評価することは、他の納税者との間の実質的な租税負担の公平という観点からして看過し難いといわざるを得ず、加えて、

税負担の累進性を補完するとともに富の再配分機能を通じて経済的平等を実現するという相続税法の立法趣旨からしても著しく不相当というべきであるから、本件には、財産評価基本通達に定める原則的な評価方法によらないことの特別な理由があると認められる。したがって、本件出資は、法人税額等相当額を控除せずに評価することが妥当である。」

2．コメント

　評基通185かっこ書の取扱いは、課税時期の直前に取得（新築）し、取引時価が明らかな土地や家屋等についてまで、敢えて路線価等によって評価するのは適切ではないと考えられるからですが、実務上の簡便性に配慮して、土地や建物等の帳簿価額が課税時期における「通常の取引価額」に相当すると認められるときには、帳簿価額に相当する金額によって評価することが認められているものです。

　しかし、このような簡便性に配慮した取扱いは、あくまでも「帳簿価額」が「通常の取引価額」に相当する場合の取扱いです。そもそも「帳簿価額」は、過去の取得価額あるいは現在の未償却残高を示すものです。建物を例に取ると、過去に取得（新築）した建築費用を、一時に費用計上するのではなく、一定の耐用年数にわたって費用計上するという費用配分の原則の処理をしているに過ぎません。課税時期における建築費等を考慮しているものではありません。

　一方、本件裁決における不動産鑑定評価における建物評価は、価格時点に評価対象建物と同等の建物を建築することを想定し、このときに見込まれる建築費を前提に評価を行います。評価対象となる建物が古い場合には、それに応じた減価修正を行いますが、この手続は、帳簿価額を算定する減価償却とは異なるものなのです。課税時期における時価の算定と、過去の取得価額を適正な期間損益計算のために費用配分するという企業会計上の手続とは性質が異なるものであるということを理解しておく必要があります。

アドバイス

●建物が貸家である場合

　純資産価額を計算する場合において、課税時期前3年以内に取得した土地・建物の価額については、課税時期における「通常の取引価額」により評価します。当該土地・建物が賃貸の用に供されている場合は、貸家及び貸家建付地として評価します。

　すなわち、土地・建物の取得（新築）後、建物を賃貸の用に供したため、取得時の利用区分（自用の建物、自用地）と課税時期の利用区分（貸家、貸家建付地）が異なることとなり、その取得価額等から、課税時期における通常の取引価額を算定することが困難である貸家及び貸家建付地の価額については、まず、その貸家及び貸家建付地が自用の建物及び自用地であるとした場合の課税時期における通常の取引価額を求め、次にその価額を評基通93（貸家の評価）及び評基通26（貸家建付地の評価）の定めに準じて評価して差し支えありません。

　ただし、その土地等・建物等が元々取得時から賃貸の用に供されていた場合、すなわち、賃借人付きで取得した場合には、この取扱いはないものと考えられます（東京国税局研修資料など）。

　なお、課税時期における「通常の取引価額」は、それぞれの資産に応じて、不特定多数の当事者間で行われる自由な取引において通常成立すると認められる価額であるとすれば、不動産鑑定評価額によって求める価額や、取得価額に課税時期までの地価変動率等を乗じて求めた価額が考えられます。しかし、評基通185かっこ書の趣旨が、課税時期の直前に取得し、「時価」が明らかになっている土地等及び家屋等についての取扱いであることから、通常は、帳簿上の価額を用いて差し支えないと考えられます。

Ⅵ 評価会社が負担した弔慰金の 負債計上の可否

～国税不服審判所裁決平成16年 4 月22日～
（純資産価額方式の論点：負債の計上）

　取引相場のない株式を純資産価額方式により評価する場合において、評価会社が負担した弔慰金については、相続財産とみなされず、実質上の二重課税とはならないので、負債に計上する必要はないとした事例です。

1. 裁決要旨

　「取引相場のない株式の課税時期における 1 株当たりの純資産価額の計算を行う場合、退職手当金等も弔慰金も、課税時期において確定している債務ではないから、本来、評価会社の純資産価額を算定するについての負債とはならないものである。しかしながら、退職手当金等については、相続税法 3 条 1 項 2 号の規定により相続又は遺贈により取得したものとみなされ、相続税の課税価格に算入されて課税されるため、評価会社の純資産価額の計算において負債に計上しなければ、相続税において実質上の二重課税が生じることになるので、退職手当金等を負債として計上する必要があり、財産評価基本通達186において、負債に含まれるものとして取り扱われているものであり、この取扱いは当審判所においても相当と認められる。これに対して、相続税法基本通達 3 −18ないし 3 −23の区分により弔慰金とされたものについては、退職手当金等と異なり相続財産とはみなされず、実質上の二重課税とはならないので、弔慰金を負債に計上する必要はない。したがって、弔慰金を負債に計上することはできないと解するのが相当である。また、審査請求人らは、株式の評価に当たり弔慰金を負債に計上しないと、弔慰金の給付を非課税としている労働者災害補償保険法等の法規との均衡を欠く旨主張するが、本件においては、弔慰金そのものを課税の対象としたものではなく、課税の対象となる株式の評価に当たり弔慰金に相当する金額を考慮して（相続する株式の価値を減少させて）算定するか否かという相続財産の評価の問題であるから、弔慰金を負債に計上せずに株式を評価することは、労働者災害補償保険法等の法規との均衡を欠くものとはいえない。」

2. コメント

　被相続人の死亡に伴い評価会社が相続人に対して支払った弔慰金については、相続税法

第3条（相続又は遺贈により取得したものとみなす場合）第1項第2号により退職手当金等に該当するものとして相続税の課税価格に算入されることとなる金額に限り、株式の評価上、負債に該当するものとして純資産価額の計算上控除します（102ページ参照）。

　したがって、同号の規定により退職手当金等とみなされない弔慰金については、純資産価額の計算上、負債に該当しません。参考までに国税庁ホームページにあるタックスアンサーの該当部分を掲載しておきます。

【国税庁ホームページタックスアンサー】

No.4117　相続税の課税対象になる死亡退職金

1　相続財産とみなされる退職手当金等

　被相続人の死亡によって、被相続人に支給されるべきであった退職手当金、功労金その他これらに準ずる給与（これらを「退職手当金等」といいます。）を受け取る場合で、被相続人の死亡後3年以内に支給が確定したものは、相続財産とみなされて相続税の課税対象となります。

（注）1　退職手当金等とは、受け取る名目にかかわらず実質的に被相続人の退職手当金等として支給される金品をいいます。

　　　　したがって、現物で支給された場合も含まれます。

　　　2　死亡後3年以内に支給が確定したものとは次のものをいいます。

　　　　(1)　死亡退職で支給される金額が被相続人の死亡後3年以内に確定したもの

　　　　(2)　生前に退職していて、支給される金額が被相続人の死亡後3年以内に確定したもの

　　（2以下省略）

【国税庁ホームページタックスアンサー】

No.4120　弔慰金を受け取ったときの取扱い

　被相続人の死亡によって受ける弔慰金や花輪代、葬祭料などについては、通常相続税の対象になることはありません。

　しかし、

1　被相続人の雇用主などから弔慰金などの名目で受け取った金銭などのうち、実質上退職手当金等に該当すると認められる部分は相続税の対象になります。

2　上記1以外の部分については、次に掲げる金額を弔慰金等に相当する金額とし、その金額を超える部分に相当する金額は退職手当金等として相続税の対象となります。

　　(1)　被相続人の死亡が業務上の死亡であるとき

　　　　被相続人の死亡当時の普通給与の3年分に相当する額

　　(2)　被相続人の死亡が業務上の死亡でないとき

　　　　被相続人の死亡当時の普通給与の半年分に相当する額

　（注）普通給与とは、俸給、給料、賃金、扶養手当、勤務地手当、特殊勤務地手当などの合計額をいいます。

Ⅶ　同族株主に該当するか否かの判定

〜国税不服審判所裁決平成23年9月28日〜
（法人税における取引相場のない株式の評価①）

　請求人ら創業者一族と同族関係者にない者が株主となっている会社について、当該株主が、法人税法施行令第4条第6項に規定する「個人又は法人の意思と同一の内容の議決権を行使することに同意している者」に該当するか否かが争われた事例です。

1．裁決要旨

(1)　財産評価基本通達の定める方式により評価することの合理性

　「相続税法第22条は、相続により取得した財産の価額は、特別の定めがあるものを除き、当該財産の取得の時における時価による旨規定しているが、すべての財産の客観的交換価値は必ずしも容易に把握し得るものでないから、課税の実務上は、財産評価の一般的基準が財産評価基本通達によって定められ、同通達によらないことが正当と是認されるような特別の事情がある場合を除き、これらに定められた画一的な評価方法によって、当該財産の評価をすることとされており、当審判所も、当該財産の価額は、税負担の公平、効率的な租税行政の実現等の観点からみて同通達により評価することが合理的であると解する。」

(2)　本件へのあてはめ

　「K社は、その設立目的、出資者、組織、活動等のいずれの点からみても、J社の代表取締役であった本件被相続人に代表される創業家の強い支配下にあり、K社の出資者は、K社の意思決定をいずれも、本件被相続人及び請求人に代表されるJ社の創業者一族の意思に委ねていたものと認められるから、K社の株主総会等における議決権の行使についても、本件被相続人及び請求人に代表される創業者一族の意思と同一の内容の議決権を行使することに同意していた者と認めるのが相当であり、そうすると、請求人は、法人税法施行令4条6項の規定により、K社の株主総会において全議決権を有し、かつ、K社の唯一の出資者であるとみなされることから、同条第3項の規定により、K社を支配していることとなる。よって、K社は、同条第2項の規定により同人と特殊の関係にある法人に該当し、財産評価基本通達188の(1)に定める請求人の同族関係者に該当すると認められ、請求人とその同族関係者（K社を含む。）が有する議決権の数は2,096,520個で、議決権割合は15％以上（22.79％）となるため、請求人が本件相続により取得した本件株式については、

配当還元方式で評価することができず、同通達178及び通達179の(1)の定めにより評価することとなる。」

2. コメント

　法人税の取扱いについては、株主が同族関係者に該当するか否かの判断に当たって、株式の保有割合又は議決権割合によることが原則であり、本裁決のような事例はむしろ例外的なものといえるでしょう。

　本裁決においては、次のような事実関係などから判断が下されたものです。
・K社の設立経緯
・K社の収益構造、総資産の内訳
・K社は創業者一族の相続対策の手段として利用される法人格であったこと
・K社の所在地には、人的にも物的にもK社の実態は存在しないこと
・K社においては株主総会等も開催されたことがないこと
・K社の出資者はいずれも創業者一族の別法人の従業員であること
・K社の設立時の出資金の出演者は創業者一族であること

【法人税法施行令第4条】

（同族関係者の範囲）
6　個人又は法人との間で当該個人又は法人の意思と同一の内容の議決権を行使することに同意している者がある場合には、当該者が有する議決権は当該個人又は法人が有するものとみなし、かつ、当該個人又は法人（当該議決権に係る会社の株主等であるものを除く。）は当該議決権に係る会社の株主等であるものとみなして、第3項及び前項の規定を適用する。

Ⅷ 非上場株式の低額譲渡と寄附金課税

～国税不服審判所裁決平成11年2月8日～
（法人税における取引相場のない株式の評価②）

　請求人が取引相場のない株式を関係会社の代表者に対して譲渡した価額（額面金額）は、通常取引価額に比べ低額であるから、その価額と譲渡価額との差額は寄附金に当たると認定した事例です。

1. 裁決の趣旨

　「審査請求人（法人）が自己の所有する関係会社の非上場株式を同社の代表取締役に譲渡した価額（額面金額）は、法人税基本通達9－1－15を援用し評基通の例により計算した通常取引価額に比べ低額であるから、その価額と譲渡価額との差額は寄附金であるとした原処分に対し、請求人は、本件株式の通常取引価額を単純に純資産価額方式により算定することは、実態認識を誤るものであり、法人税基本通達の本旨にもとり極めて不合理であるから、本件株式の通常取引価額は、将来の配当期待権の価値を資本還元した価額に重点をおき、市場流通性を考慮した純資産価額方式との併用により算定すべきであると主張する。しかしながら、請求人の主張する算定方式には合理性が認められず、また、取引相場のない株式の価額を定める評基通は、当該株式の価額を合理的、かつ、その実態に即して評価し得るものと認められ、実務上定着しているので一般的に妥当性と合理性を有するものであるから、当該通達により算定された通常取引価額と譲渡価額との差額は寄附金に当たるとした原処分は相当である。」

2. コメント

　本件株式は、代表者の経営責任をより明確にするために譲渡されたものです。その結果、代表者は評価会社の発行済株式の40％を占める同族株主となるため、いわゆる従業員株主のような零細株主とは異なり、責任と権限を有する株主であるとの事実認定がなされました。このため、配当還元方式を採用することは、少なくとも責任と権限を有する株主の保有する株式の評価方法としては妥当ではないとされたものです。

　また、請求人は、市場流通性のない株式についてはディスカウントすべきであるとして減額計算を主張しましたが、請求人の主張する減額計算には具体的、合理的な根拠がない

とされました。

　税務の場面において評基通以外の方法を採用することの困難性が窺われる裁決です。

第7章

会社法等による裁判例

　会社法上、取引相場のない株式の評価が争われることは少なくありません。例えば以下のようなケースがあげられます。

①　譲渡制限株式の売買価格を決定する場合（会社法第144条）

②　反対株式の株式買取請求に伴う会社の買取価格を決定する場合（会社法第117条、第182条の5、第470条、第786条、第798条、第807条）

③　全部取得条項付種類株式について会社の取得価格を決定する場合（会社法第172条）

④　特別支配株主の株式等売渡請求に係る売渡株式等の売買価格を決定する場合（会社法第179条の8）

⑤　募集株式の有利発行（会社法第199条3項）に関する取締役の責任について争われる場合

これらのうち①～④は非訟事件、⑤は訴訟事件として扱われます。

　本章では、経営承継法評価ガイドラインに掲げられたものを中心に、会社法上、取引相場のない株式の評価が争われた裁判例をご紹介します。民法特例の合意時価の算定に当たって、参考になるものです。どのような事例の場合にどのような評価方法が採用されているのかといった点に着目してみてください。

　特に複数の評価方式の併用について**Ｖ　併用方式（純資産方式と収益方式）の裁判例**が参考になると思われます。

Ⅰ 収益方式（DCF方式）を単独で採用した裁判例

東京地裁平成20年3月14日決定（対象株式数　合計4％）
～営業譲渡に係る反対株主による株式買取請求に基づく売買価格決定申し立て事件～

事案の概要

　本件会社は、各種繊維工業品、医薬品、化粧品等の製造販売を営む株式会社であり、発行済株式総数は、普通株式2億2,641万5,057株、A種類株式（議決権のない優先株式）3,000万株、B種類株式（議決権のない優先株式）3,000万株、C種類株式（議決権を有する利益配当請求権のない株式）1億1,513万1,500株である。

　本件会社は、東証1部上場企業であったが、平成17年6月13日に上場を廃止した。

　本件会社は、主要事業として、食品事業、HP事業及び薬品事業の3事業を有していたが、平成18年4月14日、取締役会において、HP事業をX社が出資しているY社に、薬品事業をZ社に、それぞれ営業譲渡する旨の決議をするとともに、食品事業を営む本件会社の子会社の株式をX社に譲渡する旨の決定を行った。

　本件会社の株主Aら534名（持株割合は合計約4％）は、上記営業譲渡に反対し、その所有する株式の買取りを請求した。

裁判所の判断

（略）

3　本件株式の評価方法

(1)　継続企業としての価値

　本件においては、上記のとおり、営業譲渡が行われずに会社がそのまま存続すると仮定した場合における本件会社の株式の価値を評価すべきであるから、基本的に本件会社の継続企業としての価値を評価すべきである。

　次に、支配権の移動という観点からの評価が必要か否かを検討する。（中略）Aらがその所有する本件会社の株式を手放したとしても、本件会社における会社の支配権に対して与える影響はほとんど考えられず、本件における買取価格の算定については、支配権の移動という観点から株式価格を評価する必要はないというべきである。

　以上によれば、本件においては、本件会社の普通株式の価格を算定するに当たっては、

専ら、本件会社の継続企業としての価値を評価するという観点から判断手法を選択すれば十分であり、当該判断を覆すに足りる的確な証拠は存在しない。

⑵　ディスカウンテッド・キャッシュ・フロー方式の相当性

そこで、当該営業譲渡が行われなかったと仮定した場合における本件会社の継続企業としての価値を評価するについて、どのような評価方法が相応しいかについて検討する。

鑑定人○○の株式鑑定評価意見書によれば、①収益方式（インカム・アプローチ）は、評価対象会社から将来期待することができる経済的利益を当該利益の変動リスク等を反映した割引率により現在価値に割り引き、株主等価値を算定する方式であること、②収益方式の代表的手法として、ディスカウンテッド・キャッシュ・フロー方式（以下「DCF法」という。）があること、③DCF法は、将来のフリー・キャッシュ・フロー（＝企業の事業活動によって得られた収入から事業活動維持のために必要な投資を差し引いた金額）を見積り、年次ごとに割引率を用いて求めた現在価値の総和を求め、当該現在価値に事業外資産を加算した上で企業価値を算出し、負債の時価を減算して株式等価値を算出して株主が将来得られると期待できる利益（リターン）を算定する方法であることが認められる。

上記認定事実によれば、本件において、継続企業としての価値の評価に相応しい評価方法は、収益方式の代表的手法であるDCF法ということができ、本件会社の株式価格の評価に当たっては、DCF法を採用することが相当である。

⑶　他の評価方式について

ア　配当還元方式について

（ア）（イ）　略

（ウ）（中略）本件会社は、本件営業譲渡の当時、産業再生機構の支援を受けている事業再生途上の企業で、配当を行うことができる状況にはなかったこと、本件会社について一般に妥当とされる配当額を求めることは困難であること、事業再生途上の企業は成長性や成長率が必ずしも明確とは言い難いことが認められる。そうだとすると、本件会社の株式を算定するに当たって、実際配当還元法、標準配当法及びゴードンモデル法のいずれの方式も考慮することは相当ではなく、当該判断を覆すに足りる証拠は存在しない。

（エ）　略

イ　取引事例方式について

（ア）（イ）　略

（ウ）（中略）まず最初に取引量についてであるが、前記前提事実(2)オ及び(3)によれば、本件公開買付で取引の対象となった株式数は2,181万4,229株であるのに対し、本件買取請求に係る株式総数は合計約677万株（各申立人の所有株式数は100株から145万3,100株）であることが認められる。そうだとすると、本件公開買付が少数株主を対象としている点において、本件買取請求の対象となっている各申立人の所有株式数との間で類似性があるといえないではない。しかし、全体の取引数量を比較すると、本件公開買付によりX社が取得した株式は、各申立人の所有株式の合計の3倍以上の量があり、その株式数も各申立人の所有株式の合計に比べて1,500万株以上も多く、同程度の取引量ということはできないから、前記（イ）bの本件鑑定人の見解に照らし、本件買取請求に関する買取価格を決定するについて本件公開買付の価格を参考とすることは適切とはいえない。

　本件会社は、本件公開買付の買付価格の客観性が第三者機関による評価によって担保されていると主張するが、本件鑑定人の判断は十分合理性が認められ、また、上記第三者機関の評価を踏まえた本件公開買付の買付価格が1株162円であり、本件鑑定人の判断である1株360円と2倍以上の開きがあることからすると、上記第三者機関の評価を参考とした結論が採り得ないことは後記で検討のとおりであるので、この点に関する本件会社の主張も採用することができない。

（エ）略

ウ　純資産方式

（中略）本件会社の株式を算定するに当たっては、本件会社の継続企業としての価値を算定する観点から判断する必要があるところ、純資産方式は、上記でみたとおり、事業継続を前提とする会社においてその企業価値を評価する方法ではないから、本件ではこの方式を考慮するのは相当ではないということになる。

エ　類似会社比準方式

（中略）本件会社は、かつて東京証券取引所第1部に株式を上場していた会社であったし、資本金額も350億9,998万5,000円であり、鑑定基準日現在でも上場会社に匹敵する規模を有している会社とみることができる。そうだとすると、本件において、類似会社比準方式を考慮することもあながち不合理であるとまではいえないではない。しかしながら、前記前提事実(2)で認定したとおり、本件会社は、最近まで産業再生機構の支援を受けていた事業再生途上の会社であって、このような状況にない上場会社とは経営状況が大きく異なり、本件会社と規模の類似する上場会社を勘案・比較することには問題があることが明らかである。そうだとすると、本件ではこの方

郵 便 は が き

料金受取人払郵便

大阪北局
承　認
294

差出有効期間
2020年3月
14日まで

（切手不要）

5 3 0 - 8 7 9 0

4 7 8

大阪市北区天神橋2丁目北2－6
大和南森町ビル

株式会社 清文社 行

‖‖‖‖‖‖‖‖‖‖‖‖‖‖‖‖‖‖‖‖‖‖‖‖‖‖‖‖‖‖‖‖‖

ご住所 〒（　　　　　　　　　　）

ビル名　　　　　　　　　　　（　　階　　　号室）

貴社名

　　　　　　　　　　　　部　　　　　　　課

ふりがな
お名前

電話番号

ご職業

※本カードにご記入の個人情報は小社の商品情報のご案内、またはアンケート等を送付する目的にのみ使用いたします。

─愛読者カード─

ご購読ありがとうございます。今後の出版企画の参考にさせていただきますので、ぜひ皆様のご意見をお聞かせください。

■本書のタイトル (書名をお書きください)

1. 本書をお求めの動機

1. 書店でみて（　　　　　　　　　）　2. 案内書をみて

3. 新聞広告（　　　　　　　　　）　4. 雑誌広告（　　　　　　　　　）

5. 書籍・新刊紹介（　　　　　　　）　6. 人にすすめられて

7. その他（　　　　　　　　　）

2. 本書に対するご感想 (内容、装幀など)

3. どんな出版をご希望ですか (著者・企画・テーマなど)

◆新刊案内をご不要の場合は下記□欄にチェック印をご記入下さい

新刊案内不要　　□

◆メール案内ご希望の方は、下記にご記入下さい

E-mail

式を考慮するのは相当ではないことになる。

（4）　小括

　以上の検討結果によれば、本件においては、本件会社の株式を算定するに当たっては、継続企業としての価値を評価するという観点から、DCF法に従って評価するのが相当であり、当該判断を覆すに足りる的確な証拠は存在しない。

4　本件株式の評価

　そこで、本件会社の株式の継続企業としての価値について、DCF法に従って算定する。まず、本件においては、本件会社の株式をDCF法に従って評価している本件鑑定人の株式鑑定評価意見書、修正意見書、回答書、補充説明書（これらを合わせて、以下「本件鑑定」という。）があるので、これについて概観する。

（1）　鑑定人による評価

　本件鑑定は、本件会社の株式について、次の方法により評価していることが認められる。

ア　評価方法

　本件会社の株式の鑑定評価方法として、DCF法を採用する。

　なお、DCF法によって株価を算定する場合における具体的な算定式は、次のとおりである。

　　（ア）　1株当たり株式価値

　　　　　　＝事業から得られる将来フリー・キャッシュ・フローの現在価値

　　　　　　　÷発行済株式総数

　　（イ）　事業から得られる将来フリー・キャッシュ・フローの現在価値

　　　　　　＝（予測期間中のフリー・キャッシュ・フロー

　　　　　　　＋予測期間後のフリー・キャッシュ・フロー）×割引率

　　（ウ）　割引率

$$=資本コスト（注1）\times \frac{資本}{（負債＋資本）}$$

$$+負債コスト（注2）\times（1－実効税率）\times \frac{負債}{（負債＋資本）}$$

　　（エ）　資本コスト

　　　　　　＝リスクフリー・レート＋ベータ値×株式リスクプレミアム（注3）

　　　　　　＝リスクフリー・レート

　　　　　　　＋ベータ値×（期待収益率－リスクフリー・レート）

イ　フリー・キャッシュ・フロー（以下「FCF」という。）の算定

　（ア）　事業価値の算定手順（略）

（イ）本件主要3事業のFCFの算定方法（略）

（ウ）その他の事業のFCFの算定方法（略）

（エ）予測期間後のFCFの算定方法（略）

（オ）繰越欠損金の取扱い（略）

ウ　永久成長率（略）

エ　割引率

（ア）リスクフリー・レート

　投資が無リスク（リスクフリー）であることを前提とした当該資産の期待率で、分析対象と期間が一致するゼロクーポンの国債レートを使用する。本件会社は継続企業であることが前提であるから、長期国債利子率を使用し、平成18年4月13日時点の新規発行国債（第278回）の利回りである年利1.875％とする。

（イ）ベータ値（注4）

　本件会社は非公開会社であること、食品事業、HP事業及び薬品事業の3つの事業部門に分かれて事業展開していることに照らし、ベータ値は、各事業ごとに類似上場会社のベータ値は、食品事業が0.677、HP事業が0.598、薬品事業が0.521となる。

（ウ）株式リスクプレミアム（期待収益率からリスクフリー・レートを差し引いて算出）

　株式リスクプレミアムは、投資家が株式市場全体に対して期待するリスクプレミアムで、株式市場へ投資することによりリスクフリー・レートを超えてどれだけ高い投資利回りを期待するかを示すものであり、通常、株式市場全体の収益率とリスクフリー・レートの差として表される。株式リスクプレミアムを算定する際には、一般的により長い期間のヒストリカルデータを用いるのが望ましいとされている。本件では、一時的な市場の変動による影響を排除するため、1952年（昭和27年）のデータが異常値と考えられるため、安定したデータであり、かつ、入手可能な長期的なデータとして1955年（昭和30年）から2005年（平成17年）までの統計データ（イボットソン社）を使用し、年8.50％を採用する。

（エ）スモール・ビジネス・プレミアム（注5）

　このような概念による減価は考慮しない。

　※　本件鑑定人は、スモール・ビジネス・プレミアムは売買当事者が価格交渉で使用する調整事項であって、客観的根拠があるわけではないため、鑑定の客観性を担保する観点からこれを採用しなかったことが認められる。

　　以上のような本件鑑定人の判断は、専門的学識と経験に基づき行った判断として十分合理性があり、本件鑑定に不合理な点はないというべきである。

（オ）資本コスト

　　以上の結果、資本コストは、食品事業で7.63％、HP事業で6.96％、薬品事業で6.30％となる。

（カ）負債コスト

　　本件会社独自のクレジットリスクが反映された負債コストを採用する観点から、リスクフリー・レートである1.875％に本件会社の親会社である申立外会社の銀行借入金のスプレッドである3.23％を加算したものを採用する。また、実効税率は基準日における対象会社の税率を基に40.69％を採用する。以上の結果、負債コストは3.03％となる。

（キ）最適資本構成

　　資本負債割合は、業界ごとに類似会社の資本負債割合の平均値を算定しその比率に基づいて資本負担割合を算定する。継続企業である本件会社の資本構成は長期的には類似会社の資本負担割合に収斂していくと予想されるため、資本負債割合は事業ごとに類似会社の資本負債割合の平均値を採用する。

（ク）割引率

　　したがって、割引率は、撤収事業が5.105％、食品事業が6.66％、HP事業が6.55％、薬品事業で6.06％となる。

オ　その他の事項

（ア）非支配株式を理由とした減価（マイノリティ・ディスカウント）

　　このような調整は客観的な根拠があるわけではなく、通常は、売買当事者の価格交渉において使われる調整事項であることを考慮して、マイノリティ・ディスカウントという考え方は採用しない。

（イ）市場価格のないことを理由とした減価（非流動性ディスカウント）

　　事業の合併・買収取引に際して非公開会社を評価する場合、当該会社の株式の流動性の欠如を理由とするディスカウントを加味するのが一般的である。しかしながら、株式買取請求権の制度は、多数株主によって会社から離脱することを余儀なくされた少数株主の経済的損失を保護することを目的としたものであり、少数株主は株式売却を意図していないにもかかわらず譲渡を余儀なくされたのであるから、株主が進んで株式を売却することを前提とした非流動性ディスカウントを考慮すべきではない。

《用語解説とコメント》

1．経営承継法評価ガイドラインによる用語解説（36ページ参照）

（注1）資本コスト⇒株主資本コストと同義

$$r_E = Rf_1 + \beta(Rm - Rf_2) + RP$$

Rf_1：現在のリスクフリーレート　β：リスク感応度
$(Rm - Rf_2)$：エクイティリスクプレミアム
RP：その他リスクプレミアム

（注2）負債コスト⇒負債資本コストと同義

　　評価日の直前の事業年度における長期借入金及び社債の平均利率などを参考に調達コストを算定した上で、支払利息が法人税法上損金算入されることを考慮し、支払利息相当分に税率を乗じた額を控除する。

（注3）株式リスクプレミアム⇒エクイティー（マーケット）リスクプレミアムと同義

　　危険資産である株式への投資に対して投資家が要求するリスクプレミアムであり、株式の投資収益率からリスクフリーレートを差し引くことにより算定される。一般的には、一時的なマーケットの変動が株主価値に与える影響を排除するためのものであり、Ibbotson Associates社などが算定している長期間の統計データを利用することが多い。

（注4）ベータ値⇒リスク感応度と同義

　　株価指数の変化率に対する評価会社の株価の変化率のことであり、非上場中小企業においては、類似会社のβ値又はその会社の属する業種のβ値を使用することが多い。

（注5）スモール・ビジネス・プレミアム⇒小規模リスクプレミアムと同義

　　現実にはβ値が同一であっても、一般的に規模の小さい会社の方が規模の大きい会社より事業リスクが高いことが多い。そのため、評価会社の発行済株式の時価総額に合わせた小規模リスクプレミアムをエクイティー（マーケット）リスクプレミアムに加算することなどの手法により調整を行う。

2．その他の判決

　　このほか、収益還元方式単独で株式評価した判決例としては、ベンチャー企業の株式を対象とした東京高裁平成20年4月4日決定があります。

　　また、大阪地裁平成15年3月5日判決は、評価会社が投資計画も含めた利益計画を策定していないことから、利益計画における営業利益等を基に計算を行うFCFの算定が困難であることを理由として、過去の利益をベースとした収益還元方式を採用しています（純資産方式と併用）。

Ⅱ　収益方式（配当還元方式）単独で評価した裁判例

東京地裁平成6年3月28日決定（対象株式数　新株発行後　16.6％）

～不公正な価額による新株発行であることを理由とする差止仮処分申し立て事件～

事案の概要

　本件会社（債務者）は、ラジオ放送事業等を目的として、昭和29年に設立された株式会社であり、資本金は5億円、発行済株式総数は100万株、株主総数は279人である。

　本件会社（債務者）の平成5年3月期の売上高は約412億円に上り、民放ラジオ業界においては、昭和40年以来、売上高第1位を続けてきている。本件会社の業績は順調で、最近は1株当たり60円の配当を継続している。

　本件会社（債務者）は、平成6年1月26日、取締役会において、額面普通株式20万株を1株1万7,000円で発行し、取引金融機関等20社に割り当てる旨の決議を行った。その上で、同年3月7日、上記新株発行について、株主総会の特別決議がなされた。

　本件会社（債務者）の発行済株式総数の約13.1％の株式を有し、筆頭株主であるＡは、上記新株発行について、「特ニ有利ナル発行価額」によるものであるとして、新株発行差止仮処分を申し立てた。

裁判所の判断

（略）

二　発行価額が特に有利かどうかについて

1　まず、本件新株の公正な発行価額の算定方式として、類似会社比準方式が適当であるかどうかを検討する。

（一）類似会社比準方式を採用するためには、類似会社が存在すること、その選定が適切に行われることが必要である。あまりに厳密に類似性を要求すると、およそこの方式は採りえないことになるが、少なくとも業種、規模等の基本的な点において、ほぼ同種で、大きな差がない場合でなければ類似会社として取り扱うべきでないことには異論がなかろう。

　　本件会社は、本件新株の発行価額を決定するに当たっては、中部日本放送、朝日放送、RKB毎日放送を類似会社とする類似会社比準方式に基づく鑑定結果（1万

5,600円）をひとつの参考数値としていた。しかし、右三社は、同じ放送業であり、企業規模については対比に耐え得ないものではないとしても、本件会社がそれ自体としてはラジオ単体であるのに対し、テレビ単営又はラジオ・テレビ兼営という違いがある。現在では、ラジオ放送とテレビ放送は、事業として、とくにその情報メディアとしての性格や成長性等において相当に異なり、同種といい得るか疑問のようである。現在では、本件会社も右のような理由により右三社を類似会社と主張せず、本件会社に類似会社は存在しないと主張している（なお、このように価額算定の根拠ないし価額の公正さの説明方法を無定見に変更することが好ましいことではないことはいうまでもないが、公正な発行価額自体は客観的に決められるべきことであるから、右の点はここでは問題にしない。）。また、後述のように、本件会社についてはフジテレビジョンという極めて大規模な会社を子会社としている点も、大きな相違点として、類似会社とみることの障害になると考えられる。

（二）それでは、Aの主張するように、フジ・サンケイグループ各社を一体的に企業集団としてとらえて、東京放送、日本テレビ放送網を類似会社とみるべきであろうか。

　なるほど、親子会社については連結決算を見なければ全体的な財務状態を的確にとらえることはできない場合は多いであろうし、企業集団というものがひとつの社会的・経済的実体をもつこと、子会社の資産・経営状態が親会社の株価に影響を与えることは否定し難い事実であろう。しかし、親会社と子会社は、別個の法人格を有しているのであるから、計算は会社ごとに行われるわけで、子会社の資産や収益がすべて親会社の資産・収益になるものではないし、親会社が子会社の全株式を保有する場合でないかぎり、親会社が自己の利益のために子会社の利益を度外視して自由にこれを支配することも困難と思われる。本件の場合、債務者はフジテレビジョンの株式約51％を有するにすぎず、また、会社の規模としては、例えば売上高でいえばフジは債務者の約7倍（平成5年3月決算で約2,700億と約400億）であるように、子会社の方が圧倒的な規模の大きさを誇っている関係にある。債務者がフジテレビジョンの資産・利益を完全に支配しているとみて、フジテレビジョンの資産・利益を債務者のそれと同一視することは、法的にはもちろん、社会的・経済的な観点からも妥当性を欠く面があると考えられる。前述のように、子会社の資産・経営状態が親会社の株価に影響を与えることは事実であろうが、本件の債務者とフジテレビジョンのような関係にあるとき、例えば市場において

双方の株価にどの程度影響していると考えられるか、明らかにした資料は提出されていない。

したがって、債務者だけでなくフジテレビジョンやポニーキャニオンを含めて一体的に企業集団としてとらえた上で類似会社比準方式を適用すべきであるとの債権者の主張は採用できないから、右主張を前提として東京放送、日本テレビ放送網が類似会社であるとする債権者の主張も採用できない。

放送業で上場されているのは、今までに検討した5社以外にはないから、結局、債務者には類似会社が存在しないことになる。

（三）略

2　次に、時価純資産方式（債権者が第一次的に主張するのは、再調達時価純資産方式のようである）ないし収益還元方式又はこれらの加重平均方式を採るべきかどうかを検討する。

（一）時価純資産方式にせよ、その一類型というべき再調達時価純資産方式にせよ、会社の純資産の価額を直接的な形で株式の価額の算定基礎とするものであって、株式が会社財産に対する持分としての性格を有していること、商法上も株価の算定について会社の資産状態が斟酌すべき事情の例示として挙げられている場合があること（204条の4第2項）などに照らしても、場合によっては有力な価額算定方式たるべきものと考えられる。例えば、会社が解散・清算することが予定あるいは予想される場合や、小規模会社の圧倒的支配株主のように、株主が会社財産について、いわば煮て食おうが焼いて食おうが自由といった類の完全な支配権を有している場合、あるいはM＆Aによって会社の支配権を買収しようとする場合などには、適する方式といえるであろう。

しかしながら、そうした支配権を有しない一般の株主にとって、会社が継続する限り、いかに会社が含み資産を保有しているとしても、右含み資産の処分利益（あるいは再調達価格相当の利益）は直接取得あるいは支配する現実的可能性のないものであるから、この場合、時価純資産方式によって株価を算定することは、株式に現実的な経済的価値以上の価額を付することになるのであって、妥当とはいい難い。

債務者の場合、解散・清算することなどおよそ予想されない会社であることは当事者双方が認めるところであり、また、本件新株の割当を受ける者らが債務者の支配権を取得することになるものでないことも明らかであるから、本件新株の公正な発行価額を算定するに当たって、時価純資産方式又は再調達時価純資産方

式を採用することは適当といえない。

（二）債権者は、非支配株主という概念は、支配株主が存在する場合のものであって、債務者のように支配株主が存在しない場合、非支配株主であるとの理由で時価純資産方式の採用を否定するのは不当であると主張するが、純資産の価値を直接取得あるいは支配する現実的可能性がないという点は、債務者のような大会社における持株比率数％といった少数株主一般について、他に支配株主が存在するかどうかに係わりなくいい得ることである。時価純資産方式を採用できない理由は、文字どおり「非」支配株である点にあるのであって、「被」支配株であることにあるのではないと解すべきである。

なお、純資産方式は採用できないが、これによって算定した価額が企業継続を前提として配当還元方式により算定した価額よりも高いときは、会社は株主の利益のために即時に解散されるべきであるから、純資産方式による価額には、株価の最低限を画するという意義があるとする見解もある。しかし、株主が現実的に取得・支配する可能性のある利益を基準と考えて配当還元方式を採りながら，現実的には予定あるいは予想されない解散・清算を前提とするのは、首尾一貫しない態度というべきである。実際にも、多くの裁判例において、純資産方式による価額は最低限のものとして機能してはいないのであって、このことは、右のような見解が、株価の現実的価値を考えるに当たって一般的に受け入れられているものではないことを示しているともいえよう。

（三）収益還元方式についても、非支配株主にとって直接取得あるいは支配する現実的可能性がない内部留保を株主に帰属する利益と考える点で、純資産方式と同じ問題点を含んでおり、前同様の理由で、本件新株の公正な発行価額を算定する方式としては適切でない。

また、右のような理由で時価純資産方式及び収益還元方式のいずれも本件に適切でない以上、それらの加重平均方式も、当然のこととして、本件に適切ではない。

もっとも、株式が公開される場合、その株価には配当利益だけでなく純資産や内部留保の価額が反映され、その機会に株主はキャピタルゲインを獲得することにはなるであろう（ただし、その場合でも、純資産や内部留保の価額がそのまま株価の上に実現されるものではあるまい）。したがって、株式の公開が現実の日程に上った場合には、その点を適切に考慮した株価が相当とされるであろう。しかし、このことは時価純資産方式や収益還元方式を採用することとは別のことであるばかりでなく、前述のように、債務者については株式の公開が現実の日程にまで上

っているわけではない。

3　以上述べた、類似会社比準方式、時価純資産方式及び収益還元方式が採用し難い理由の反面として、本件新株の公正な発行価額を算定する方式としては、配当還元方式が適切であるといわざるを得ない。そして、配当還元方式の中でも、ゴードンモデル（注）といわれる方式は、収益の内部留保による将来の配当の増加をも計算の基礎に加える点で、より優れていると考えられる。

　もちろん、ゴードンモデル方式による算定価額も、種々の仮定や数値の選択に基づくひとつの理論上の価額にすぎないから、有効性に一定の限界はあろう。資本還元率や再投資率、内部留保率の数値の採り方の妥当性については、本件の場合も、議論の余地があるものと思われる。しかし、本件債務者のように、類似会社が存在せず、非上場だが、概ね順調な業績を続け安定した配当を行っている大規模会社の非支配株に関する価額算定方式としては、株主が現実的に期待し得る利益を理論的に算定するものとして、さしあたりその相対的な適切さを肯定すべきである。

《用語解説とコメント》

１．経営承継法評価ガイドラインによる用語解説（38ページ参照）

（注）ゴードンモデル法

$$\frac{配当期待値}{株主資本コスト - 配当成長率}$$

　内部留保の再投資による会社の成長を折り込み、株主資本コストから配当成長率を控除した率を用いて配当期待値を割り引くことにより算定を行う。

２．その他の判決

　このほか、配当還元方式（ゴードンモデル）単独で株式評価した判決例としては、支配的持株数有する大株主が存在しない会社の株式を対象とした大阪高裁平成元年３月28日決定があります。

【コラム】

ニッポン放送事件

いわゆる敵対的買収が争われた事例です。

フジテレビは元々ニッポン放送の発行済株式総数の12.39％（4,064,660株）を保有する株主でしたが、平成17年1月17日ニッポン放送の経営権獲得を目的として、証券取引法に定める公開買付け（TOB）を開始しました。

ところが同年2月8日、敵対的買収を目的として、Lが東京証券取引所のトストネット取引で同社の株式を大量に取得し、同社株式の約35％を保有する大株主として突如姿を現しました。支配権獲得のためフジテレビはTOBの条件を変更しましたが、Lの買増しはその後も続けられ、持株比率は40％に迫る状況になりました。

これに対抗するため、ニッポン放送は、平成17年2月23日の取締役会において新株予約権をフジテレビに発行することを決議し、フジテレビの所有株式割合を高めようとします。

このため、Lは本件新株予約権の発行について、①特に有利な条件による発行であるのに株主総会の特別決議（商法第280条ノ21第1項）がないため、法令に違反していること、②著しく不公正な方法による発行であることを理由として、本件新株予約権の発行を仮に差し止めることを求めたところ、これが認められました。

※　その後、事件は和解に至ったようです。

Ⅲ 純資産方式単独で評価した裁判例

東京地裁平成４年９月１日決定（対象株式数　新株発行後　62.5%）
～不公正な価額による新株発行であることを理由とする
差止仮処分申し立て事件～

事案の概要

　本件会社は、資本金900万円、発行済株式総数18万株の株式会社であるが、昭和61年
10月13日、取締役会において、額面普通株式30万株を、発行価額50円で発行する旨の
決議をし、当該30万株の全部を本件会社の従業員で組織する労働組合に割り当てた。
上記新株発行については、商法280条ノ２第２項所定の株主総会の特別決議及び同第１
項８号所定の取締役会決議はなされていない。

　本件会社の株主Ａは、上記新株発行は「特ニ有利ナル発行価額」によるものである
にもかかわらず、株主総会の特別決議を経ないでなされた等と主張し、取締役の任務
懈怠、労働組合の不法行為を理由に、新株発行により下落したＡの株式の価額と新株
発行がなかったと仮定した場合に算定されるそれとの差額を損害として、取締役及び
労働組合に対して賠償を請求した。

　なお、Ａが所有する株式数は、１万9,300株であり、その割合は、上記新株発行前の
発行済株式総数に対しては10.7%、新株発行後の発行済株式総数に対しては４％である。

裁判所の判断

一　争点１（一）について

　本件新株発行は、以下のとおり、株主以外の者に対し特に有利な発行価額をもって
新株を発行する場合に該当すると認められる。

1　商法280条ノ２第１項８号及び第２項の「特ニ有利ナル発行価額」とは、時価を基
　準とする公正な発行価額を特に下廻る価額をいうものであり、この場合の公正な発
　行価額とは、旧株主に経済的損失を与えることのないように新株主に旧株主と同等
　の資本的寄与を求めながら、新株発行による資金調達という目的を達成することの
　できる価額、言い換えれば、資金調達の目的が達せられる限度で旧株主にとって最
　も有利な価額をいうと解するのが相当である。そして、その公正な発行価額は、一
　般的には、発行価額決定前の株式価格、売買出来高の実績、会社の資産状態、収益

状態、配当状況、発行済株式総数、新たに発行される株式数、予想される新株の消化可能性等の諸事情を総合して、旧株主の利益と資本調達の実現という利益の調和の中に求められるべきものである。ところで、本件会社は株式を公開していないから、その株式は上場株式や店頭登録株式のような市場価額がなく、公正な発行価額を定める決定的な資料はないといわざるをえないが、当裁判所は、本件に関する限り、時価純資産方式を基本にしながら、会社の資産状態、収益状態、配当状況、株式の流通性などの修正要素を加味して、公正な発行価額を決定するのが適切であると考える。

2　（一）時価純資産方式は、会社資産を時価に評価替えした上、1株当たりの純資産額をもって株価とするものであり、会社に現存する有形無形の財産ないし会社の実体的価値を示す点で優れた評価方式と考えられる。そして、商法が公正な発行価額での新株発行を原則とする理由が、新株主に旧株主と同等の資本的寄与を求めることにあると解する以上は、公正な発行価額すなわち新株主が提供すべき出資額を判断するに当たって、旧株主の出資提供額ないし実質的持分の現在価値を指し示す時価純資産額を基本にすべきことは当然であり、特に、本件では、本件会社所有不動産の価額高騰による含み資産の増加を株式評価の中に反映させる必要がある。

　　さらに、取締役らは、昭和60年6月から昭和61年11月にかけてAとの間でA保有株式の譲渡、買取りにつき交渉した際、本件会社の株式が創業以来50円以外の価格で取引されたことはないと知っていたにもかかわらず、Aが提示した時価純資産方式による評価額を基礎に売買価額を決定することにつき、何ら異議を差し挟まずに、専ら、右方式を前提とする買受けの可能性を検討したところ、結局は資金不足を理由に買受けを断念したとの事実が認められ、これによれば、Aはもとより、本件新株発行直前に既に本件会社の発行済株式の40%以上を保有し、最大の株主となっていた労働組合など大多数の本件会社株主は、時価純資産方式の採用には理由があると認識していた事実を推認できるから、右方式による評価は、むしろ、本件会社の実態を反映しているということができる。

（二）非上場株式の評価方法としては、右時価純資産方式のほか、一般に、

　　ア　売買実例方式（注）

　　イ　配当還元方式

　　ウ　類似会社比準方式

　　エ　類似業種比準方式

　　オ　利益（収益）還元方式

カ　時価純資産方式と配当還元方式の併用方式

キ　時価純資産方式と類似業種比準方式との併用方式

等が考えられるが、本件では、以下の理由により時価純資産方式に優る評価方式は存しない。

(1)〔売買実例方式について〕

　本件会社の株式が創業以来本件新株発行まで50円以外の価格で取引されたことがないとしても、右実例のすべてが額面の1株50円を経済的に合理的な株式価値と認識して取引したものとは認められないし、さらに、取締役らが挙げる売買実例における買主はすべて労働組合であり、かつ、本件会社は労働組合によって実質的に支配される極めて閉鎖性の強い会社であることを併せ考えると、売買価格50円による取引実例はいずれも特殊なケースというべきであるから、50円を公正な発行価額ということはできず、他に適切な売買実例は見当たらない。

(2)〔配当還元方式、時価純資産方式と配当還元方式との併用方式について〕

　取締役らは、配当還元方式の採用を主張し、鑑定人○○も、本件新株発行直後のＡ保有株式の株式価格については配当還元方式を採用して、右価格を50円と鑑定しているが、本件会社は、昭和43年から現在に至るまでの20余年にわたり無配の状態が続いており、将来における配当額予想を前提とする右方式の採用は困難というべきである。すなわち、無配が継続している場合、右方式は理論的正当性を持たず、定説と呼べるような株価算定方法も存在しない。

　また、鑑定人○○は、本件新株発行直前のＡ保有株式の株式価格については時価純資産方式と配当還元方式との併用方式を採用しているが、本件では配当還元方式の採用が困難であるばかりか、両方式は、依って立つ基盤を異にしており、両方式を併用することは理論的にも正当ではない。

(3)〔類似会社比準方式、類似業種比準方式、時価純資産方式と類似業種比準方式との併用方式について〕

　適切な標本会社ないし標本業種が見当たらず、類似会社比準方式、類似業種比準方式及びこれらと他方式との併用方式を採ることはできない。

(4)〔利益還元方式について〕

　会社の利益、収益の相当部分は配当に充てられることなく社内に留保されることが多いし、直接株主に利益を与えるものではないから、理論的に正当性があるとは考えられない。

(三) 取締役らは、Ａが再び経営に参加することは考えられず、時価純資産方式を採

用すべき根拠としての経営支配力を欠いている旨主張するが、株式自体の属性としてその性質上当然に経営参加の可能性が否定されるというものではなく、それがＡに帰属する限りで経営参加の可能性が乏しいというにとどまり、また、本件において、右方式を採用すべき根拠は経営支配力の点に限られないから、時価純資産方式の正当性は否定されない。

（四）　したがって、本件では、時価純資産方式を基本的に採用すべきである。

　　　ただし、企業が継続する以上、株式を取得することによって直ちに取得株式割合に応じた時価純資産を直接的に把握できるという筋合いのものではなく、会社解散による清算の時に初めて具体的持分として現れるにとどまるのであるから、時価純資産方式は、継続企業における株式の評価方式として完全な評価方式ということはできない。１株当たりの時価純資産額がいかに高額であっても、会社の資産状態、収益状態、配当状況及びそれらの将来の見通しが芳しくなければ、時価純資産方式による株式価額そのままでは新株引受を期待できず、右のような事情を考慮して減額修正することが必要となる。

　　　また、投下した資本を回収する手段としては、現実には株式を譲渡するよりほかないから、株式の流通性ないし譲渡可能性の程度も当然考慮しなければならず、この観点からも減額修正（▲70%）を施す必要がある。

《用語解説とコメント》

１．経営承継法評価ガイドラインによる用語解説

　（注）売買実例方式⇒取引事例法式と同義

２．その他の判決等

　前記 **Ⅱ** の裁判例と同様に「差止仮処分申し立て」に係る決定ですが、評価会社によって全く評価方法が異なっています。

　また、本判決は、純資産方式によって求めた価額から70％もの大幅な減額を認定しているところに特徴がありますが、その数値の根拠は明らかにされていません。

　なお、本件のほか、純資産方式単独で株式評価した裁判例としては、青森地裁昭和62年6月3日決定があります。

比準方式（類似業種）を採用した裁判例（併用方式）

大阪高裁平成11年６月17日決定（対象株式数　新株発行後　20％）
〜違法な新株発行によって損害を被った既存株主が
取締役を被告として提起した損害賠償事件〜

事案の概要

　本件会社は、タクシー、貸切バス事業を目的として、昭和33年に設立された株式会社であり、資本金は6,500万円、発行済株式総数は10万株である。本件会社は、株主総会の特別決議を経て、昭和61年８月20日、特に有利な発行価額である１株1,000円で、記名式普通額面株式２万株を発行した。

　本件会社の株主であるＡらは、上記新株発行は会社支配権の確立を目的としたものであり、取締役の任務懈怠・違法行為に当たるなどと主張し、本件会社の取締役に対して損害賠償の請求をした。

　裁判所は、上記新株発行について、取締役としての任務懈怠があり、任務懈怠について悪意又は重過失があることを認定した上で、損害額の算定について、下記のとおり判示した。

裁判所の判断

（一）　株式の適正価格を算定するに当たっては、通常、配当還元方式・収益還元方式・純資産価額方式・類似業種比準方式が適宜採用されている。

⑴　配当還元方式は、会社支配の目的を有しない少数一般株主には適合するが、特定の第三者割当を予定する場合や、本件会社のように配当が経営者の意思によって左右される会社には適合しない。

⑵　収益還元方式は、将来各期に期待される利益を一定の利回りで還元計算するものであるが、会社の利益の多くは内部留保されることが多く、利益の増加が直ちに株主の収益の増加に結び付くものではない点で、会社の利益のみを基準とする方式は妥当とはいえない。

⑶　純資産価額方式には、帳簿価額による方法と時価による方法とがあり、時価にも会社解散を前提として処分価額と企業継続を前提とする価額とがあるが、新株発行時の適正価額を算出するには、企業継続を前提とした時価を基準として算定するの

　が相当である。

(4)　類似業種比準方式は、非上場株式の評価方法として広く利用されているが、各業種・規模・利益・配当額等につき標本となるべき企業の選定に困難が伴う。

　　従って、本件においては、純資産価額方式と類似業種比準方式の双方を用い、両方式を一定の比率で按分して株価を算定するのが相当と考える。

(二)　証拠及び弁論の全趣旨によれば、次の事実が認められる。

⑴　昭和59年９月、本件会社が○○に対し新株を割り当てた際、同年３月期（第26期）の決算に基づき類似業種比準方式に従って算定した株価は１株当たり3,907円であった。

⑵　本件会社の昭和61年３月期（第28期）の決算に基づき類似業種比準方式に従って算定した株価は１株当たり2,617円であった。

⑶　右昭和59年３月期の決算に基づき、公認会計士△△作成の鑑定評価書を基礎に時点修正等を行った後の本件会社の評価後純資産は、次のとおり１株当たり9,023円となる。

　　（ア）〜（ウ）略

⑷　取締役らは、純資産価額方式によるときは帳簿価格によるべきで時価に修正評価すべきでないと主張するが、同方式は会社の実質的価値を評価して株価を算定するものであるから、時価評価が可能な場合にはそれによるのが相当である。右主張は採用できない。

(三)　以上のように、本件会社の昭和61年３月期の決算を基礎に株価を算定すると、類似業種比準方式では１株当たり2,617円であり、純資産価額方式では１株当たり9,023円となるので、前者を２、後者を１の割合で按分するのが相当と認められ、そうすると、１株当たりの株価は4,752円となる。

《コメント》

　比準方式の適用に当たっては、適切な取引事例等が見当たらず、比準方式が適用できない場合も多くあります。経営承継法評価ガイドラインで紹介された裁判例においても、比準方式単独で評価額が決定されたものはありません。

　本件裁判例も、純資産方式33％、類似業種比準方式66％の比重で評価したものです。

　また、類似業種比準方式を採用した裁判例として、京都地裁昭和62年５月18日決定が紹介されていますが、この事例も純資産方式、収益還元方式、配当還元方式が併用された事例です。

　比準方式単独で評価された例は見当たらないようです。

Ⅴ 併用方式（純資産方式と収益方式）の裁判例

大阪地裁平成25年1月31日決定　（対象株式数　18.9％）
～譲渡制限株式の売買価格決定の例～

事案の概要

　申立人Ｘ社が、定款において株式の譲渡制限の定めがある相手方Ｙ₁社に対し、Ｘ社が保有するＹ₁社の普通株式について譲渡承認及び譲渡承認をしない場合にはＹ₁社又は指定買取人による買い取りを請求したところ、Ｙ₁社が、譲渡承認をしない旨及び自ら買い取るとともに、Ｙ₂社を指定買取人に指定する旨通知したため、申立人Ｘ社が、会社法第144条2項に基づき、当該株式の売買価格の決定を申し立てた事例。

　Ｙ₁社は不動産賃貸を主たる業とする株式会社であり、その株主構成をみるとＸが発行済株式総数の約18.9％を保有するが、他の株主・親族グループの保有割合も同程度であり、単独で支配可能な保有割合を有する株主・親族グループは存在しなかった。

　本件株式の売買価格に関しては、Ｘ社・Ｙ₁社・Ｙ₂社がそれぞれ依頼した専門家による鑑定評価のほか、裁判所が依頼した公認会計士Ｇの鑑定評価（Ｇ鑑定）が提出された。Ｇ鑑定は、Ｘ社が少数株主であるとして配当還元法による評価額1株300円を20％の割合、Ｙ₁社の株主構成からするとＸ社が経営に影響を与える可能性もあったとして収益還元法による評価額1株3,000円を80％の割合で加重平均して、本件株式の価格は、1株2,460円となるとした。

　なお、Ｙ₁社所有の不動産の価格に関しては、Ｘ社が依頼したＡ鑑定、Ｙ₂社が依頼したＢ鑑定及びＣ鑑定が提出された。

裁判所の判断

⑴　「少数株主の企業価値に対する支配は基本的に配当という形でしか及ぶことはないから、その株式価値の評価に当たり、配当に着目した配当還元法をある程度考慮することは不合理ではない。しかも、少数株主は将来の配当をコントロールすることができないから、現状の配当が不当に低く抑えられているとしても、その限度における配当を期待するほかない。したがって、現状の配当を前提に評価することに不合理な点はないというべきである。」

⑵　「譲渡制限会社の株式については、投下資本回収に制約があることを理由に30％程

度価格の評価が下がるのが一般的である。ただし、対象会社特有の投下資本の回収可能性に係る事情からその事情に応じた減額率を採用することにも合理性がある。」「G鑑定は、Y₁社の事業の特徴、株主構成の特徴から配当による投下資本の回収という形で株式譲渡による投下資本回収の制約をある程度補えることを理由とする。…他の親族グループとの利害関係が一致すれば、保有資産の売却によって配当額を増加させることも十分可能であるといえる。G鑑定の判断は、非現実的なものということはできず、合理性が認められる。」「G鑑定が非流動性ディスカウント（注）率を一般的な30％よりも低い15％としたことは合理性を欠くものではない。」

(3)　「Xは、他の親族グループとの協力関係を築いてY₁社の支配を獲得する可能性があるだけでなく、Y₁社の支配を望む他の親族グループにとって、無視できない存在である。そうすると、X社の保有割合自体が過半数に達していなくても、X社が経営に影響を与える可能性がないとはいえず、支配株としての側面を否定することはできないとみるべきである。」「よって、G鑑定の加重平均割合が合理性を欠くものではない。」

(4)　「以上によれば、G鑑定のとおり、収益還元法による価格3,000円を80％、配当還元法による価格300円を20％の割合で加重平均すると、本件株式の価格は、1株2,460円（3,000×0.8+300×0.2）となる。」

《用語解説とコメント》

１．（注）非流動性ディスカウント

　インカムアプローチでは株式の売却は想定されていないが、上場株式と比べると、譲渡制限株式は流動性がない分だけ価値が低いと考えられるため、評価上これを考慮すること。

２．当事者の主張

　本件裁判例の当時者の主張と裁判所の判断を整理すると下表のようになります。

【当事者の主張】

区　分	X社 （申立人）	Y₁社 （相手方）	Y₂社 （相手方）
不動産鑑定	A鑑定		B鑑定、C鑑定
1株当たり株価	3,149円 （D税理士）	1,903円ないし2,326円 （税理士法人E）	2,067円 （F社）
評価方法	時価純資産法	DCF法	DCF法

【裁判所の判断】

区　分	大阪地裁採用		
1株当たり株価	G鑑定による評価額：④×0.2＋③×0.8＝2,460円 （裁判所の選任した鑑定人Ｇ公認会計士による）		
評価方法	ネットアセットアプローチ		
	① 再調達時価純資産法		4,000円
	② 清算処分時価純資産法		3,000円
	インカムアプローチ		
	収益還元法	非流動性考慮前	3,500円
		③ 非流動性△15%	3,000円
	④ 配当還元法	300円	
	マーケットアプローチ		
	採用不可		

3．コメント

　裁判例の多くは、1つの評価方法によることなく複数の評価方式を併用しています。本件は経営承継法評価ガイドラインに紹介されている裁判例ではありませんが、会社法の学習に当たって重要とされているもので、複数の評価方式が併用されて価格決定された事例です。

(1)　ネットアセットアプローチ（純資産方式）の適用について

　相手方Ｙ₁社及びＹ₂社は、会社の収益性を示したＤＣＦ法による評価額を主張していますが、Ｙ₁社の純資産が高額なためか、申立人Ｘ社は、時価純資産法による株価を主張しています。Ｘ社の主張する評価額3,149円はＤ税理士が算定しているため、国税庁方式を基本としているように推測されますが、不動産の評価に当たってはＡ不動産鑑定に因っているようです。なお、会社清算時の税効果を加味した価格であるかどうかは明らかではありませんが、国税庁方式を採用しているのであれば、評価差額に対する法人税額等に相当する金額が控除されているものと思われます。

　一方、裁判所が採用したＧ鑑定のネットアセットアプローチは、①再調達時価純資産法と②清算処分時価純資産法の2通りの価格が算定されています。①はＹ₁社の企業の継続

を前提とする貸借対照表を基礎とした評価方法で、個別の資産の購入価格（再調達時価）を基礎としたインプットプライス系統の評価であると思われます。②は企業を基準日において清算すると仮定した場合の貸借対照表を基礎とした評価方法で、評価差額に対する法人税額等に相当する金額を考慮したアウトプットプライス系統の評価であると思われます。

(2)　インカムアプローチの適用について

　裁判所が採用したG鑑定において、本件株式の売買価格は、ネットアセットアプローチの価格よりもインカムアプローチの価格が重視されています。Y₁及びY₂も、インカムアプローチの手法であるDCF法を採用して主張していますが、G鑑定とは開きがあります。判決文からではその原因が明らかではありませんが、インカムアプローチによる収益や費用の見積もり、割引率の判定には幅があることが考えられます。

　注意すべき点は、G鑑定のインカムアプローチにおいて、C鑑定の不動産鑑定が前提とされていることです。判決文によれば「DCF法とC鑑定における（不動産の）収益価格を算定した収益還元法とでは、算式や不動産賃貸事業の全体の価値を算出するのか本件不動産個々の価値を算出するのかという点が異なるものの、基本的には各物件又は事業全体から流入してくる資金をもってその価値を評価しているという点で考え方は共通している」からです。すなわち、G鑑定のインカムアプローチによる価格は、C鑑定の不動産鑑定評価額が基になっているのです。この理由は、評価の対象となるY₁社が不動産賃貸を主たる業とするいわゆる資産保有型（資産運用型）会社であるからです。

　なお、国税庁方式には、インカムアプローチの考え方は採用されておりませんので、結局、本件のようなケースにおいては全く使えないということになります。

(3)　加重平均割合の合理性

　加重平均割合の合理性について、裁判所は「別表2本件株式価格鑑定一覧（掲載なし）のとおり、各当事者が依頼した鑑定による価格は、1株1,848円から3,149円までとなっているが、G鑑定の総合評価の結果はそのレンジ内に入っているから、他の鑑定との対比からして不合理なものということはできない。」として、G鑑定は合理的であると判断していますが、それでは何故20：80になるのかについては必ずしも明らかではありません。単純な算式の当てはめでは判断できない株式評価の特徴といえるでしょう。

第8章
特例事業承継税制における株式評価

　平成30年度税制改正において、事業承継における贈与税・相続税の納税を猶予する事業承継税制が大きく改正され、抜本的な拡充や要件の緩和、撤廃が実施されることになりました。

　これまでの要望等を反映した改正で、期間限定の特例措置が追加されたものとして注目を集めています。

　今後この制度の活用が広がる可能性があり、本書のテーマとも関連するものなので、改正のポイント等について解説いたします。

　ただし、納税が猶予されるといっても、取引相場のない株式（以下この章においては「非上場株式等」といいます。）の評価が不要となるわけではなく、相続税の総額には跳ね返ってくることを看過してはならないでしょう。

　特例事業承継税制を適用するに当たって、非上場株式等の評価が必要とされる場面は次のとおりです。

① 　贈与税申告時点

② 　相続税申告時点

③ 　一定の要件を満たす場合に猶予税額が免除される場合

Ⅰ 事業承継税制改正のポイント

1. 改正のポイント

　事業承継税制は、後継者である受贈者・相続人等が、経営承継法の認定を受けている非上場会社の株式等を贈与又は相続等により取得した場合において、その非上場株式等に係る贈与税・相続税について、納税を猶予し、後継者が死亡した場合等によって、納税が猶予されている贈与税・相続税の納付が免除される制度です。

　平成30年度税制改正では、この事業承継税制について、これまでの措置（以下「一般措置」といいます。）に加え、納税猶予の対象となる非上場株式等の制限（一般措置は総株式数の最大3分の2まで）の撤廃や、納税猶予割合の引上げ（80％から100％）等がされた10年間の特例措置（以下「特例措置」といいます。）が創設されました。

◆特例措置と一般措置の比較

区　　分	特例措置（措法70の7の5）	一般措置（措法70の7）
事前の計画策定等	平30.4.1 ～ 35.3.31の間に特例承継計画の提出を要する	不要
適用期限	平30.1.1 ～ 39.12.31の間の贈与・相続等	なし
対象株数	全株式	総株式数の最大3分の2まで
納税猶予割合	100％	贈与：100％　相続：80％
承継パターン	複数の株主から最大3人までの後継者に対するものも可能	複数の株主から1人の後継者
雇用確保要件	弾力化	承継後5年間は平均8割の雇用維持が必要
事業の継続が困難な事由が生じた場合の免除	あり（創設）	なし
相続時精算課税	60歳以上の者から20歳以上の者へ対象者が拡大（推定相続人・孫以外にも適用が拡大）	60歳以上の者から20歳以上の推定相続人・孫へ

２．手続全体の流れ（贈与税）

　贈与税における特例事業承継制度を適用するための手順は次のとおりです。

① 「特例承継計画」の策定→ 都道府県知事

> 平成35年３月31日までに、会社の後継者や承継時までの見通し等が記載された「特例承継計画」を会社が策定し、認定経営革新等支援機関の所見を記載して都道府県知事に提出し、その確認を受けます。

> ※　特例承継計画
> →経営承継法省令第16条第１号の計画のことをいい、「特例承継計画の確認」とは、経営承継法省令第17条第１項第１号の都道府県知事の確認をいいます。

② 非上場株式等の贈与の実行（先代経営者等→後継者）

> 平成39年12月31日までに、先代経営者等である贈与者から、全部又は一部以上の「非上場株式等」の贈与を受ける必要があります。

> ※　非上場株式等
> →中小企業者である非上場会社の株式又は出資で、医療法人の出資を除きます。また、この特例の対象となる非上場株式等は、議決権に制限のないものに限ります。

③ 都道府県知事の経営承継法の認定→ 都道府県知事

> 贈与の翌年１月15日までに、会社の要件、後継者（受贈者）の要件、先代経営者等（贈与者）の要件を満たしていることについての都道府県知事の「経営承継法の認定」を受ける必要があります。

④ 贈与税申告書の提出→ 税務署 　※評基通による株式評価

> 贈与税の申告期限までに、この制度の適用を受ける旨を記載した贈与税の申告書を提出するとともに、納税が猶予される贈与税及び利子税の額に見合う担保を提出する必要があります。

⑤ 経営贈与承継期間（５年間）→ 税務署、都道府県知事

> 引き続き納税猶予の制度の適用を受けるためには一定の書類を提出する必要があります。
> ●「年次報告書」（年１回）→都道府県知事
> ●「継続届出書」（年１回）→税務署

⑥ ６年目以降→ 税務署

> 「継続届出書」を税務署に提出する必要があります（３年に１回）。

⑦ 贈与税の納付が免除

> 先代経営者等（贈与者）の死亡等があった場合には、納税が猶予されている贈与税が免除されます。

⑧　相続税の納税猶予及び免除の適用

> 特例の適用を受けた非上場株式等は、相続又は遺贈により取得したものとみなして、贈与の時の価額により他の相続財産と合算して相続税を計算します。その際、一定の要件を満たす場合には、そのみなされた株式等について再び「非上場株式等についての相続税の納税猶予及び免除」の適用を受けることができます。

改正のポイント①

●対象株式

　一般措置における対象株式は発行済議決権株式総数の3分の2が限度ですが、特例措置においては、発行済議決権株式総数のすべてが対象となります。

改正のポイント②

●相続時精算課税制度の拡大

制度概要

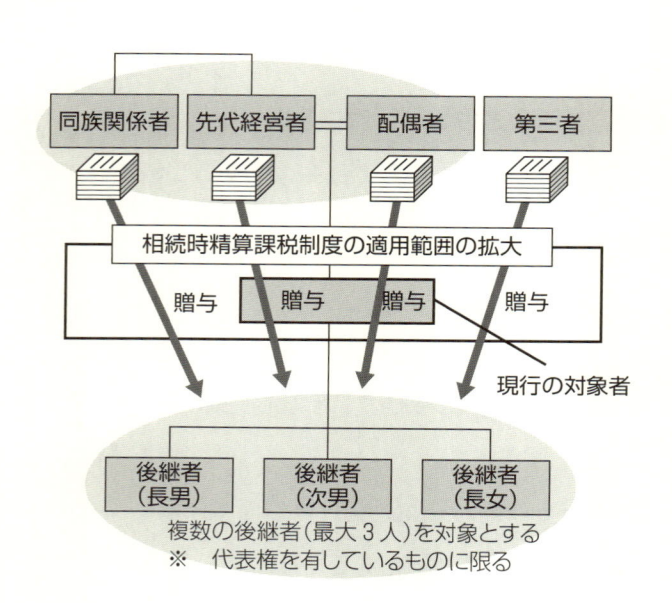

複数の後継者(最大3人)を対象とする
※　代表権を有しているものに限る

現行制度

> 60歳以上の父母又は祖父母から、20歳以上の子又は孫への贈与が相続時精算課税制度の対象

改正後

> 現行制度に加えて、事業承継税制の適用を受ける場合には、60歳以上の贈与者から、20歳以上の後継者への贈与を相続時精算課税制度の対象とする。
> (贈与者の子や孫でない場合でも適用可能)

(出典：経済産業省「平成30年度経済産業関係税制改正について」)

3．手続全体の流れ（相続税）

相続税における特例事業承継制度を適用するための手順は次のとおりです。

① 「特例承継計画」の提出・確認→ 都道府県知事

> 贈与のときと同じ

② 相続開始

> ①の特例承継計画の提出は、相続開始後でも可

③ 都道府県知事の経営承継法の認定→ 都道府県知事

> 相続開始後8か月以内に、会社の要件、後継者（相続人等）の要件、先代経営者等（被相続人）の要件を満たしていることについての都道府県知事の「経営承継法の認定」を受ける必要があります。

④ 相続税申告書の提出→ 税務署 　※評基通による株式評価

> 相続税の申告期限までに、この制度の適用を受ける旨を記載した相続税の申告書及び一定の書類を税務署へ提出するとともに、納税が猶予される相続税及び利子税の額に見合う担保を提出する必要があります。

⑤ 経営贈与承継期間（5年間）→ 税務署、都道府県知事

> 贈与のときと同じ

⑥ 6年目以降→ 税務署

> 贈与のときと同じ

⑦ 相続税の納付が免除

> 後継者の死亡等一定の事由が生じた場合には、納税が猶予されている相続税が免除されます。

改正のポイント③

●対象株式

　一般措置における相続税の納税猶予税額の計算対象は、適用対象となる株式の評価額の80％に相当する金額に対応する相続税額でしたが、特例措置においては100％に相当する金額に対応する相続税額が猶予されます。

Ⅱ　納税猶予を受けるための主な要件

1．会社の主な要件

次の会社のいずれにも該当しないことが要件です。

(1)　上場会社

(2)　中小企業者に該当しない会社

(3)　風俗営業会社

(4)　資産管理会社（一定の要件を満たすものを除く）

　(注) 資産管理会社とは、次の2種類のものをいいます。

　　① 資産保有型会社：有価証券、自ら使用していない不動産、現金・預金等の特定の資産の保有割合が、資産の総額の70％以上を占める会社

　　② 資産運用型会社：上記①の特定の資産からの運用収入が、総収入額の75％以上の会社

2．贈与税の要件

(1)　後継者である受贈者の主な要件（贈与時点）

イ．会社の代表権を有していること

ロ．20歳以上であること

ハ．役員の就任から3年以上を経過していること

ニ．後継者及び後継者と特別の関係がある者で総議決権数の50％超の議決権数を保有することとなること

　　※ 議決権数には、株主総会において議決権を行使できる事項の全部について制限された株式の数等は含まれません。

ホ．後継者の有する議決権数が、次の(イ)又は(ロ)に該当すること

　(イ)　後継者が1人の場合

　　　後継者と特別の関係がある者の中で最も多くの議決権数を保有することとなること

　(ロ)　後継者が2人又は3人の場合

　　　総議決権数の10％以上の議決権数を保有し、かつ、後継者と特別の関係がある者（他の後継者を除く）の中で最も多くの議決権数を保有することとなること

(2)　先代経営者等である贈与者の主な要件

イ．会社の代表権を有していたこと

ロ．贈与の直前において、贈与者及び贈与者と特別の関係がある者で総議決権数の50％
　超の議決権を保有し、かつ、後継者を除いたこれらの者の中で最も多くの議決権数を
　保有していたこと

ハ．贈与時において、会社の代表権を有していないこと

　　※　贈与の直前において、既に特例措置の適用を受けている者がいる場合等には、上のイ及びロの要件は
　　　不要となります。

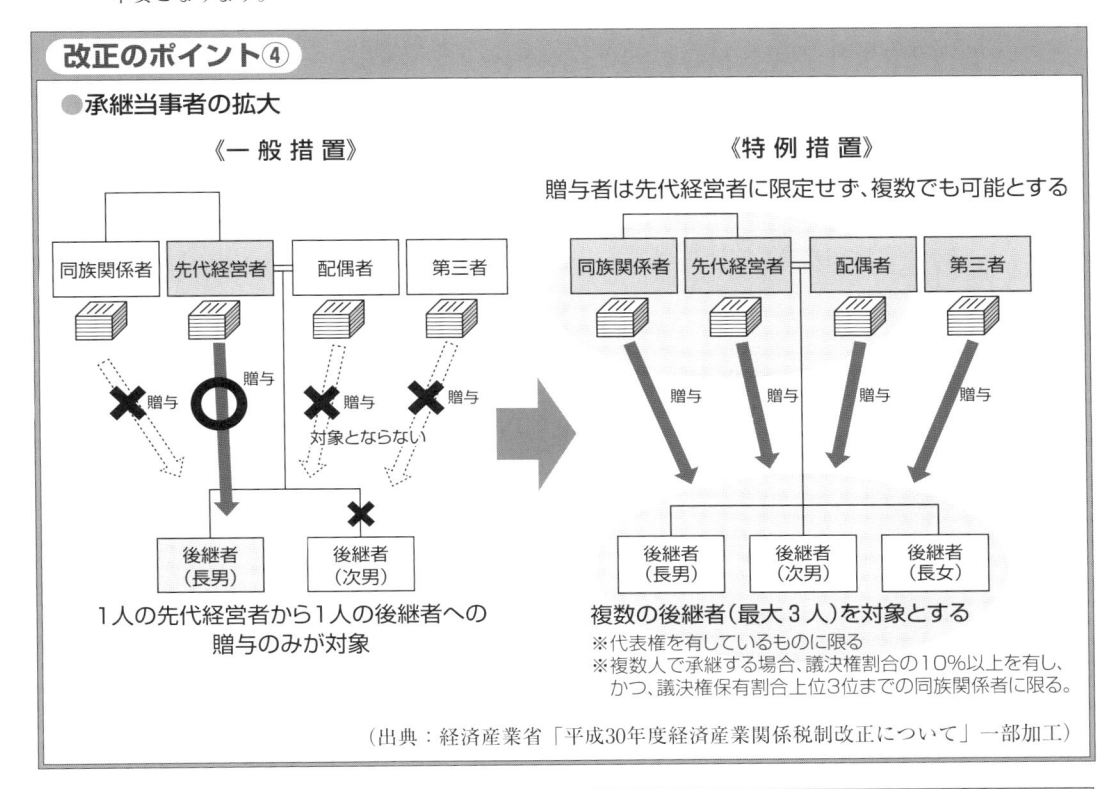

改正のポイント④

●承継当事者の拡大

《一般措置》

《特例措置》

贈与者は先代経営者に限定せず、複数でも可能とする

| 同族関係者 | 先代経営者 | 配偶者 | 第三者 |

✖贈与　〇贈与　✖贈与　✖贈与

対象とならない

後継者（長男）　後継者（次男）✖

1人の先代経営者から1人の後継者への贈与のみが対象

| 同族関係者 | 先代経営者 | 配偶者 | 第三者 |

贈与　贈与　贈与　贈与

後継者（長男）　後継者（次男）　後継者（長女）

複数の後継者（最大3人）を対象とする

※代表権を有しているものに限る
※複数人で承継する場合、議決権割合の10％以上を有し、
　かつ、議決権保有割合上位3位までの同族関係者に限る。

（出典：経済産業省「平成30年度経済産業関係税制改正について」一部加工）

3．相続税の要件

(1)　後継者である相続人等の主な要件

後継者である相続人等の主な要件は次のとおりです。

イ．相続開始の日の翌日から5か月を経過する日において会社の代表権を有しているこ
　と

ロ．相続開始の時において、後継者及び後継者と特別の関係がある者で総議決権数の50
　％超の議決権数を保有することとなること

ハ．相続開始の時において後継者が有する議決権数が、次の(イ)又は(ロ)に該当すること（贈
　与税と同じ）

　(イ)　後継者が1人の場合

　　　後継者と特別の関係がある者の中で最も多くの議決権数を保有することとなるこ

と

　㈹　後継者が2人又は3人の場合

　　　総議決権数の10％以上の議決権数を保有し、かつ、後継者と特別の関係がある者（他の後継者を除く）の中で最も多くの議決権数を保有することとなること

　ニ．相続開始の直前において、会社の役員であること（被相続人が60歳未満で死亡した場合を除く）

⑵　先代経営者等である被相続人等の主な要件

　先代経営者等である被相続人等の主な要件は次のとおりです。

　イ．会社の代表権を有していたこと

　ロ．相続開始直前において、被相続人及び被相続人と特別の関係がある者で総議決権数の50％超の議決権数を保有し、かつ、後継者を除いたこれらの者の中で最も多くの議決権数を保有していたこと

4．担保提供

　納税が猶予される贈与税額又は相続税（利子税を含みます）の額に見合う担保を税務署に提供する必要があります。

　この制度を受ける非上場株式等のすべてを担保として提供した場合には、納税が猶予される税額の担保の提供があったものとみなされます。

Ⅲ　納税猶予の継続と免除のための主な要件

1．納税猶予が継続されない場合

　納税が猶予されている贈与税を納付する必要が生じる場合等を整理すれば、下表のとおりです。

区分	特例経営承継期間 （5年）内	特例経営承継期間 （5年）経過後
特例の適用を受けた非上場株式等についてその一部を譲渡等した場合（免除対象贈与を除く）	・全額納付（利子税含む） ・特例適用は終了	・一部（対応部分）納付（利子税含む） ・対応外部分は猶予継続
後継者が会社の代表権を有しなくなった場合	・全額納付（利子税含む） ・特例適用は終了 ※　やむを得ない理由がある場合を除く	納税猶予継続
会社が資産管理会社に該当した場合（一定の要件を満たす会社を除く）	・全額納付（利子税含む） ・特例適用は終了	・全額納付（利子税含む） ・特例適用は終了

改正のポイント⑤

●雇用確保要件の緩和

　一般措置においては、一定の基準日における雇用の平均が、「贈与時の雇用の8割」を下回った場合は、特例の適用は終了し、猶予された贈与税と利子税は全額納税しなければなりません。

　しかし、特例措置においては、雇用確保要件を満たせない理由を記載した書類を提出すれば、納税猶予は継続されることになりました。認定支援機関の意見が記載されなければなりませんが、雇用確保要件は実質的に撤廃されました。

2．猶予されている贈与税の納付が免除される主な場合

（1）　先代経営者等（贈与者）が死亡した場合

（2）　後継者（受贈者）が死亡した場合

（3）　特例経営承継期間内において、やむを得ない理由により会社の代表権を有しなくな

った日以後に「免除対象贈与」を行った場合

(4)　特例経営承継期間の経過後に「免除対象贈与」を行った場合

(5)　特例経営承継期間の経過後において会社について破産手続開始決定などがあった場合

(6)　特例経営承継期間の経過後に、事業の継続が困難な一定の事由が生じた場合において、会社について、譲渡・解散した場合

※　一般措置については(6)の適用はありません。
　　この場合においては、対象会社の非上場株式等を再評価する必要があります。

改正のポイント⑥

●売却等による減免制度の創設

(参考)事業の継続が困難な事由が生じた場合の納税猶予額の免除について(特例措置)

　特例経営(贈与)承継期間の経過後に、事業の継続が困難な一定の事由が生じた場合※1に特例措置の適用に係る非上場株式等の譲渡等をした場合は、その対価の額(譲渡等の時の相続税評価額の50%に相当する金額が下限になります※2。)を基に相続(贈与)税額等を再計算し、再計算した税額と直前配当等の金額との合計額が当初の納税猶予税額を下回る場合には、その差額は免除されます(再計算した税額は納付)。

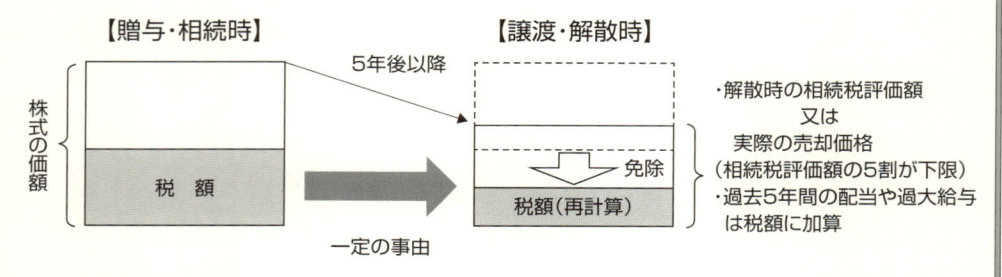

※1　①過去3年間のうち2年以上赤字の場合、②過去3年間のうち2年以上売上減の場合、③有利子負債≧売上の6か月分の場合、④類似業種の上場企業の株価が前年の株価を下回る場合、⑤心身の故障等により後継者による事業の継続が困難な場合(譲渡・合併のみ)。

※2　譲渡等から2年後において、譲渡等の時の雇用の半数以上が維持されている場合には、実際の対価の額に基づく税額との差額は、その時点で免除されます。

(出典：国税庁「非上場株式等についての贈与税・相続税の納税猶予・免除(事業承継税制)のあらまし」)

中小企業庁参考資料

I 特例承継計画の確認申請手続き

特例承継計画の確認申請手続き

提出書類

申請に当たって、提出が必要な書類は下記のとおりです。

1．【様式第２１】確認申請書（特例承継計画）
　（原本１部、写し１部）

2．履歴事項全部証明書

3．従業員数証明書

4．その他、確認の参考となる書類

5．返信用封筒

1．【様式第２１】確認申請書（特例承継計画書）
　（原本１部、写し１部）
　経営革新等支援機関の指導及び助言を受けた確認申請書を提出してください。
　（記載方法については、「特例承継計画作成の手引き」をご覧ください。）

2．履歴事項全部証明書
　申請会社の履歴事項全部証明書の原本（確認申請日の前3ヶ月以内に取得したもの）を添付してください。

　※特例代表者がすでに代表者を退任している場合で、過去に代表者であった旨の記載が履歴事項全部証明書にない場合は、併せてその旨の記載がある閉鎖事項証明書を添付してください。

3．従業員数証明書
　※次ページの手順に従って必要書類を添付してください。

4．その他、確認の参考となる書類
　その他、確認の判断ができない場合、参考となる資料を提出いただくことがあります。

5．返信用封筒
　定形外封筒（返信先宛先を明記してください）を同封してください。

特例承継計画の確認申請手続き

従業員数証明書について

認定経営革新等支援機関から指導及び助言を受けた日おける常時使用する従業員の数を明記した書類を添付してください（様式自由。下図の例を参考にしてください）。

【従業員数証明書の例】

平成●●年●月●日

従業員数証明書

○○県知事殿

経済産業株式会社
代表取締役　経済　太郎　法人実印

平成○○年○月○日における当社の従業数は○○人であることを証明します。

※1　平成○○年○月○日には、認定経営革新等支援機関から指導及び助言を受けた日付を記載してください。
※2　平成●●年●月●日には、確認申請書を提出する日付を記載してください。

具体的には、以下の資料を使用し確認します。
なお、「従業員数」には役員（使用人兼務役員は除く）及び短時間労働者は含まれません。

① 厚生年金保険の標準報酬月額決定通知書

70歳未満の常時使用する従業員の数を証する書類です。

日雇労働者、短期間雇用労働者及び当該事業所の平均的な従業員と比して労働時間が4分の3に満たない短時間労働者など、厚生年金保険の加入対象とならない者は常時使用する従業員には該当しません。いわゆる出向や派遣等の場合には、あくまでも厚生年金保険の加入事業所における常時使用する従業員として取り扱います。

厚生年金保険の適用事業所において、70歳未満であり、かつ、従業員として使用されている者（日雇労働者、短期間雇用労働者及び当該事業所の平均的な従業員と比して労働時間が4分の3に満たない短時間労働者等を除く。）は、厚生年金保険の被保険者になります。

また、厚生年金保険の保険料や保険給付額の計算のために、社会保険事務所が毎年7月1日に被保険者の給与を基準として被保険者毎に標準報酬月額を定め「標準報酬月額決定通知書」を発行します。ただし、使用人兼務役員以外の役員であっても被保険者になるため、原則として決定通知書に氏名がある被保険者の人数から使用人兼務役員以外の役員の人数を除いた人数が70歳未満の常時使用する従業員の数となります。

なお、「標準報酬月額決定通知書」発行後における増減については、別途「被保険者資格取得（喪失）確認通知書」等によりその変動を証する必要があります。

特例承継計画の確認申請手続き

従業員数証明書について

② 健康保険の標準報酬月額決定通知書
　70歳以上75歳未満の常時使用する従業員の数を証する書類です。
日雇労働者、短期間雇用労働者及び当該事業所の平均的な従業員と比して労働時間が4分の3に満たない短時間労働者など、健康保険の加入対象とならない者は常時使用する従業員には該当しません。
　任意継続被保険者は、被保険者であっても加入事業所における雇用の実態がないため、常時使用する従業員には該当しません。いわゆる出向や派遣等の場合にあっては、あくまでも健康保険の加入事業所における常時使用する従業員として取り扱います。
　健康保険の適用事業所において、75歳未満であり、かつ、従業員として使用されている者（日雇労働者、短期間雇用労働者及び当該事業所の平均的な従業員と比して労働時間が4分の3に満たない短時間労働者等を除く。）は、船員保険に加入している場合等を除き健康保険の被保険者になります。
　また、健康保険の保険料や保険給付額の計算のために、社会保険事務所が毎年7月1日に被保険者の給与を基準として被保険者毎に標準報酬月額を定め「標準報酬月額決定通知書」を発行します。ただし、使用人兼務役員以外の役員であっても被保険者になるため、原則として決定通知書に氏名がある被保険者の人数から使用人兼務役員以外の役員及び任意継続被保険者の人数を除いた人数のうち70歳以上75歳未満の人数が常時使用する従業員の数となります。
　なお、「標準報酬月額決定通知書」発行後における増減については、別途「被保険者資格取得（喪失）確認通知書」等によりその変動を証する必要があります。
　また、厚生年金保険及び健康保険については、法人事業所はすべて適用事業所となります。また、個人事業所は一部の事業所（従業員が5人未満の個人経営の事業所など）を除き適用事業所となります（厚生年金保険法第6条第1項及び健康保険法第3条第3項）。

③ その他の資料
　常時使用する従業員の数を証する書類として、原則として、①及び②の書類の提出を求めていますが、下記に掲げるような場合にあっては、2月を超える雇用契約があり給与支給の実績がある、いわゆる正社員並みの雇用実態があることを前提に、それぞれに定める書類を提出することにより常時使用する従業員として取り扱います。
・**75歳以上で厚生年金保険及び健康保険の加入対象外である場合**：2月を超える雇用契約書（正社員並みとしての雇用形態がわかるもの。）及び給与明細書など
・**船員保険の被保険者である場合等**：これらの保険の被保険者資格を証する書類、2月を超える雇用契約書（正社員並みとしての雇用形態がわかるもの。）及び給与明細書など
・**使用人兼務役員である場合**：職業安定所に提出する兼務役員雇用実態証明書、雇用保険の被保険者資格を証する書類、2月を超える使用人としての雇用契約書及び使用人給与明細書など、使用人としての職制上の地位を証する書類

特例承継計画の確認申請手続き

従業員数証明書について（添付書類）

常時使用する従業員の数は、以下の手順で確認します。

手順1

まず、日本年金機構等から通知を受けた「健康保険・厚生年金保険被保険者標準報酬月額決定通知書」（直近のもの。当該通知の対象になっていない方に係る「（同）改定通知書」を含む。）の写しを添付してください。事業所ごとに通知を受けている場合はすべての事業所について添付します。

手順2

次に、上記標準報酬月額決定の手続きをして以降、認定支援機関による指導及び助言を受けた日まで間に被保険者の増減があった場合に日本年金機構等から通知を受けた「健康保険・厚生年金保険資格取得確認および標準報酬決定通知書」の写しまたは「健康保険・厚生年金保険資格喪失確認通知書」の写しを時系列に揃えてすべて添付してください。

手順3

手順1及び手順2で揃えた各通知書に記載された方のうち、申請会社の短時間労働者及び役員については、その旨が分かるマークなどを付記してください。
（例：短時間労働者　→　短　／役員→ 役　／ 使用人兼務役員→ 使　）

手順4

厚生年金保険または健康保険のいずれにも加入対象となっていない従業員（例：７５歳以上の従業員）がいる場合には、その方に関する雇用契約書（２月を超える雇用であること及び正社員並みの雇用形態であることがわかるもの）及び給与明細書（贈与の日または贈与認定申請基準日前後のもの）の写しを添付してください。

手順5

厚生年金保険または健康保険の加入対象者に使用人兼務役員がいる場合は、使用人としての職制上の地位がわかる書類や、雇用保険に加入している事がわかる書類などを添付してください。

1．サービス業の記載例

様式第 21

施行規則第 17 条第 2 項の規定による確認申請書
（特例承継計画）

●●●●年●月●日

●●県知事　殿

郵 便 番 号　000-0000
会 社 所 在 地　●●県●●市…
会 　 社 　 名　経済クリーニング株式会社
電 話 番 号　***-***-****
代表者の氏名　経済　一郎　　印
　　　　　　　経済　二郎　　印

　中小企業における経営の承継の円滑化に関する法律施行規則第 17 条第 1 項第 1 号の確認
を受けたいので、下記のとおり申請します。

記

1　会社について

主たる事業内容	生活関連サービス業(クリーニング業)
資本金額又は出資の総額	5,000,000 円
常時使用する従業員の数	8 人

2　特例代表者について

特例代表者の氏名	経済　太郎
代表権の有無	□有　☑無（退任日平成 30 年 3 月 1 日）

3　特例後継者について

特例後継者の氏名（1）	経済　一郎
特例後継者の氏名（2）	経済　二郎
特例後継者の氏名（3）	

4　特例代表者が有する株式等を特例後継者が取得するまでの期間における経営の計画について

株式を承継する時期（予定）	平成 30 年 3 月 1 日相続発生
当該時期までの経営上の課題	（株式等を特例後継者が取得した後に本申請を行う場合には、記載を省略することができます）
当該課題への対応	（株式等を特例後継者が取得した後に本申請を行う場合には、記載を省略することができます）

5　特例後継者が株式等を承継した後 5 年間の経営計画

実施時期	具体的な実施内容
1 年目	郊外店において、コート・ふとん類に対するサービスを強化し、その内容を記載した看板の設置等、広告活動を行う。
2 年目	新サービスであるクリーニング後、最大半年間（又は一年間）の預かりサービス開始に向けた倉庫等の手配をする。
3 年目	クリーニング後、最大半年間（又は一年間）の預かりサービス開始。（預かり期間は、競合他店舗の状況を見て判断。） 駅前店の改装工事後に向けた新サービスを検討。
4 年目	駅前店の改装工事。リニューアルオープン時に向けた新サービスの開始。
5 年目	オリンピック後における市場（特に土地）の状況を踏まえながら、新事業展開（コインランドリー事業）又は新店舗展開による売り上げ向上を目指す。

（備考）
　①　用紙の大きさは、日本工業規格 A4 とする。
　②　記名押印については、署名をする場合、押印を省略することができる。
　③　申請書の写し（別紙を含む）及び施行規則第 17 条第 3 項各号に掲げる書類を添付す

る。

④　別紙については、中小企業等経営強化法に規定する認定経営革新等支援機関が記載する。

（記載要領）

①　「2　特例代表者」については、本申請を行う時における申請者の代表者（代表者であった者を含む。）を記載する。

②　「3　特例後継者」については、該当するものが一人又は二人の場合、後継者の氏名（2）の欄又は（3）の欄は空欄とする。

③　「4　特例代表者が有する株式等を特例後継者が取得するまでの期間における経営の計画」については、株式等を特例後継者が取得した後に本申請を行う場合には、記載を省略することができる。

（別紙）

認定経営革新等支援機関による所見等

1　認定経営革新等支援機関の名称等

認定経営革新等支援機関の名称	●●　●●税理士事務所　印
（機関が法人の場合）代表者の氏名	●●　●●
住所又は所在地	●●県●●市…

2　指導・助言を行った年月日

　　　　平成 30 年　5 月　3 日

3　認定経営革新等支援機関による指導・助言の内容

> 売上の7割を占める駅前店の改装工事に向け、郊外店の売上増加施策が必要。競合他店が行っている預かりサービスを行うことにより、負の差別化の解消を図るように指導。
>
> 駅前店においても、改装工事後に新サービスが導入できないか引き続き検討。
> サービス内容によっては、改装工事自体の内容にも影響を与えるため、2年以内に結論を出すように助言。
>
> また、改装工事に向けた資金計画について、今からメインバンクである●●銀行にも相談するようにしている。
>
> なお、土地が高いために株価が高く、一郎・二郎以外の推定相続人に対する遺留分侵害の恐れもあるため「遺留分に関する民法の特例」を紹介。

２．製造業の記載例

様式第 21

施行規則第 17 条第 2 項の規定による確認申請書
（特例承継計画）

●●●●年●月●日

●●県知事　殿

郵 便 番 号　000-0000
会 社 所 在 地　●●県●●市…
会　　社　　名　中小鋳造株式会社
電 話 番 号　***-***-****
代表者の氏名　中小　一郎　　印

　中小企業における経営の承継の円滑化に関する法律施行規則第 17 条第 1 項第 1 号の確認
を受けたいので、下記のとおり申請します。

記

1　会社について

主たる事業内容	銑鉄鋳物製造業
資本金額又は出資の総額	50,000,000 円
常時使用する従業員の数	75 人

2　特例代表者について

特例代表者の氏名	中小　太郎
代表権の有無	□有　☑無（退任日　平成 29 年 3 月 1 日）

3　特例後継者について

特例後継者の氏名（1）	中小　一郎
特例後継者の氏名（2）	
特例後継者の氏名（3）	

4　特例代表者が有する株式等を特例後継者が取得するまでの期間における経営の計画について

株式を承継する時期（予定）	平成 30 年 10 月
当該時期までの経営上の課題	➤ 工作機械向けパーツを中心に需要は好調だが、原材料の値上がりが続き、売上高営業利益率が低下している。 ➤ また、人手不足問題は大きな課題であり、例年行っている高卒採用も応募が減ってきている。発注量に対して生産が追いつかなくなっており、従業員が残業をして対応している。今年からベトナム人研修生の受け入れを開始したが、まだ十分な戦力とはなっていない。
当該課題への対応	➤ 原材料値上がりに伴い、発注元との価格交渉を継続的に行っていく。合わせて、平成 30 年中に予定している設備の入れ替えによって、生産効率を上げコストダウンを図っていく。 ➤ 人材確保のため地元高校での説明会への参加回数を増やし、リクルート活動を積極的に行う。またベトナム人研修生のスキルアップのために、教育体制を見直すとともに、５Ｓの徹底を改めて行う。

5　特例後継者が株式等を承継した後５年間の経営計画

実施時期	具体的な実施内容
1年目	・ 設計部門を増強するとともに、導入を予定している新型 CAD を活用し、複雑な形状の製品開発を行えるようにすることで、製品提案力を強化し単価の向上を図る。 ・ 海外の安価な製品との競争を避けるため、BtoB の工業用品だけではなく、鋳物を活用したオリジナルブランド商品の開発（BtoC）に着手する。 ・ 生産力強化のため、新工場建設計画を策定。用地選定を開始する。
2年目	・ 新工場用の用地を決定、取引先、金融機関との調整を行う。 ・ 電気炉の入れ替えを行い、製造コストの低下を図る。 ・ オリジナルブランド開発について一定の結論を出し、商品販売を開始する。

3年目	・ 新工場建設着工を目指す。 ・ 3年目を迎える技能実習生の受け入れについて総括を行い、人材採用の方向性について議論を行う、
4年目	・ 新工場運転開始を目指すとともに、人員配置を見直す。増員のための採用方法については要検討。 ・ 少数株主からの株式の買い取りを達成する。
5年目	・ 新工場稼働による効果と今後の方向性についてレビューを行う。

（備考）

①　用紙の大きさは、日本工業規格 A4 とする。

②　記名押印については、署名をする場合、押印を省略することができる。

③　申請書の写し（別紙を含む）及び施行規則第 17 条第 2 項各号に掲げる書類を添付する。

④　別紙については、中小企業等経営強化法に規定する認定経営革新等支援機関が記載する。

（記載要領）

①　「2　特例代表者」については、本申請を行う時における申請者の代表者（代表者であった者を含む。）を記載する。

②　「3　特例後継者」については、該当するものが一人又は二人の場合、後継者の氏名（2）の欄又は（3）の欄は空欄とする。

③　「4　特例代表者が有する株式等を特例後継者が取得するまでの期間における経営の計画」については、株式等を特例後継者が取得した後に本申請を行う場合には、記載を省略することができる。

（別紙）

認定経営革新等支援機関による所見等

1　認定経営革新等支援機関の名称等

認定経営革新等支援機関の名称	●●商工会議所　印
（機関が法人の場合）代表者の氏名	中小企業相談所長 △△　△△
住所又は所在地	●●県●●市●－●

2　指導・助言を行った年月日

　　　　　平成 30 年　6 月　4 日

3　認定経営革新等支援機関による指導・助言の内容

大半の株式は先代経営者である会長が保有しているが、一部現経営者の母、伯父家族に分散しているため、贈与のみならず買い取りも行って、安定した経営権を確立することが必要。

原材料の値上げは収益力に影響を与えているため、業務フローの改善によりコストダウンを行うとともに、商品の納入先と価格交渉を継続的に行っていくことが必要。原材料価格の推移をまとめ、値上げが必要であることを説得力を持って要求する必要がある。

新工場建設については、取引先の増産に対応する必要があるか見極める必要あり。最終商品の需要を確認するとともに、投資計画の策定の支援を行っていく。

なお、税務面については顧問税理士と対応を相談しながら取り組みを進めていくことを確認した。

Ⅱ　認定支援機関向け記載マニュアル

特例承継計画に関する指導及び助言を行う機関における事務について

【平成３０年４月１日版】

中小企業庁　財務課

※本資料は平成３０年４月１日時点の法令に基づく情報等で作成されています。

1. はじめに

　中小企業経営者の高齢化が進展する中、事業承継の円滑化は喫緊の課題です。平成 30 年度税制改正において、事業承継の際に生ずる相続税・贈与税の負担を軽減する「非上場株式等についての相続税及び贈与税の納税猶予及び免除の特例」（以下、「事業承継税制」）が抜本的に改正されました。

　本改正では、中小企業者の早期の事業承継を後押しするため、これまでの**事業承継税制の内容を拡充した期限付の特例措置が創設されます。特例措置においては①特例承継計画について認定経営革新等支援機関（以下「認定支援機関」）による指導及び助言を受ける必要があるほか、②一定期間内に従業員数が事業承継時の 80％を下回った場合には、実績報告に加え、認定支援機関による指導及び助言を受ける必要**があります。

　本マニュアルは、本税制措置の運用を円滑なものにするため、中小企業者を支援する認定支援機関における特例承継計画に係る事務のガイドラインを示すものです。

　なお、本マニュアルはあくまでもガイドラインであり、認定支援機関の行う事務の要領を参考までに提示するものですので、関係法律、政令、省令の規定等を確認の上、支援対象者における業務の内容、実態など個別具体的事情に沿った十分な検討を踏まえて、指導及び助言等を行ってください。

2. 事業承継税制の概要

　事業承継税制は、中小企業者の後継者が、先代経営者等から贈与又は相続により取得した自社株式等について、一定の要件を満たせば当該株式等にかかる贈与税又は相続税の納税が猶予・免除される制度です。本税制の適用に当たって、中小企業者は「中小企業の経営の承継の円滑化に関する法律」（以下「経営承継円滑化法」）に基づく都道府県知事の認定を受ける必要があります。

　なお、この特例承継計画に記載された特例代表者からの贈与・相続後一定の期間内に行われた贈与・相続であれば、先代経営者以外の株主等からの贈与・相続も、事業承継税制（特例）の対象となります。

3. 認定支援機関における事務①
──特例承継計画における指導及び助言

　中小企業者が経営承継円滑化法の認定を受けるためには、「特例承継計画」（様式第 21）を都道府県に提出※し、確認を受ける必要があります。

　特例承継計画の記載事項は、後継者の氏名や事業承継の時期、承継時までの経営の見通しや承継後 5 年間の事業計画等に加え、認定支援機関による指導及び助言の内容等です。

※計画を提出することができる期間は、平成 30 年 4 月 1 日〜平成 35 年 3 月 31 日です。

(1) 納税猶予を適用するための手続き

　事業承継税制を利用するためには、①特例承継計画の作成・提出、②株式の贈与・相続、③認定申請、④税務申告の順で手続きが必要になります。①の**特例承継計画の作成にあたり、認定支援機関の指導及び助言が必要になります**。なお、株式の承継の前に特例承継計画を提出することができなかった場合でも、都道府県庁へ認定の申請を行う際に、併せて特例承継計画を提出することも可能です。

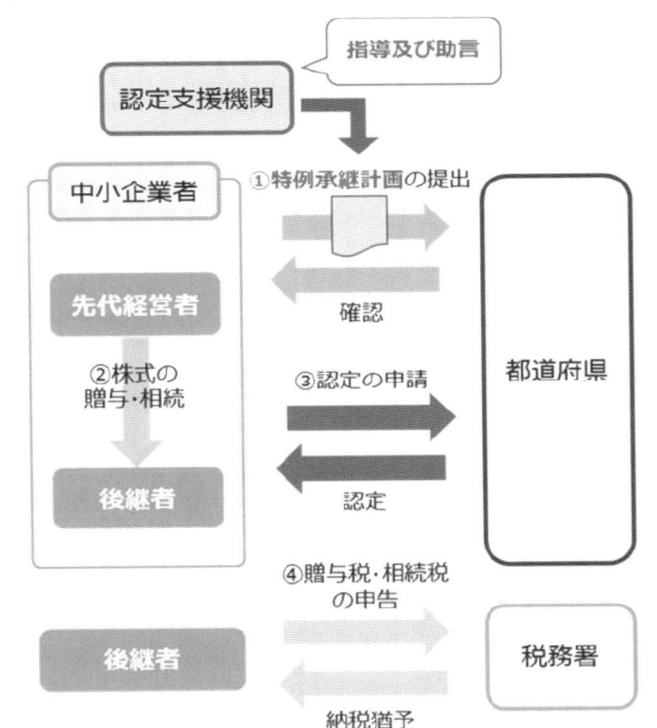

STEP 1

中小企業者は特例承継計画（認定支援機関による指導及び助言について記載）を作成し、都道府県に提出。

STEP 2

株式の承継を行い都道府県に認定申請。都道府県知事が認定。

STEP 3

特例承継計画・認定書の写しとともに、税務署へ納税申告。納税猶予の開始。

(2) 特例承継計画における記載事項

　特例承継計画の作成に当たっては、所定の様式（様式 21）を利用し、以下の事項を記

載する必要があります。

1. **会社について**
   経営承継円滑化法の特例の認定を受けようとする事業者の名称等を記載してください。

2. **特例代表者について**
   保有する株式を承継する予定の代表者の氏名と、代表権の有無を記載してください（「無」の場合は、退任した年月日を記載）。なお、特例代表者は特例承継計画提出時に、現に代表者である方、又は代表者であった方である必要があります。

3. **特例後継者について**
   特例代表者から株式を承継する予定の後継者の氏名を記載してください（最大3人まで）。特例後継者として氏名を記載された方でなければ、事業承継税制の特例の認定を受けることはできません。特例後継者を変更する場合は、後述の変更申請書による変更手続きを行う必要があります。

4. **特例代表者が有する株式等を特例後継者が取得するまでの期間における経営の計画について**
   株式を承継する予定の時期、当該時期までの経営上の課題、当該課題への対処方針について記載してください。
   株式等の贈与後・相続後に本計画を作成する場合や、すでに先代経営者が役員を退任している場合には記載不要です。
   当該会社がいわゆる持株会社である場合には、その子会社等における取組を記載してください。

5. **特例後継者が株式等を承継した後5年間の経営計画**
   特例後継者が実際に事業承継を行った後の5年間で、どのような経営を行っていく予定か、具体的な取組内容を記載してください。なお、この事業計画は必ずしも設備投資・新事業展開や、売上目標・利益目標についての記載を求めるものではありません。後継者が、先代経営者や認定支援機関とよく相談の上、後継者が事業の持続・発展に必要と考える内容を自由に記載してください。
   すでに後継者が代表権を有している場合であっても、株式等の取得により経営権が安定したあとの取組について記載してください。
   当該会社がいわゆる持株会社である場合には、その子会社等における取組を記載してください。

（別紙）認定経営革新等支援機関による所見等（認定支援機関が記載してください。）

1.　**認定経営革新等支援機関の名称等**

　　申請者に指導及び助言を行った認定支援機関の名称等について記載してください。代表者欄に記入する氏名及び使用する印鑑は、当該認定支援機関における内部規定等により判断してください。

2.　**指導・助言を行った年月日**

　　認定支援機関が指導及び助言を行った年月日を記載してください。

3.　**認定支援機関による指導・助言の内容**

　　中小企業者の作成した特例承継計画について、認定支援機関の立場から、事業承継を行う時期や準備状況、事業承継時までの経営上の課題とその対処方針、事業承継後の事業計画の実現性など、円滑な事業承継を後押しするための指導及び助言を行い、その内容を記載してください。

【チェックポイント】

　　「特例代表者が有する株式等を特例後継者が取得するまでの期間における経営の計画について」及び「特例後継者が株式等を承継した後5年間の経営計画について」は「なぜその取組を行うのか」「その取組の結果、どのような効果が期待されるか」が記載されているかをご確認ください。

　　「特例後継者が株式等を承継した後5年間の経営計画」においては、すべての取組が必ずしも新しい取組である必要はありませんが、各年において取組が記載されている必要があります。記載例を参考に、可能な限り具体的な記載がなされているかをご確認ください。

　　なお、計画作成の数年後に株式の承継を行うことを予定しているなど、この計画の作成段階では承継後の具体的な経営計画を記載することが困難である場合には、大まかな記載にとどめ、実際に株式を承継しようとする前に具体的な計画を定めることも可能です。（その場合には、下記(3)の特例承継計画の変更手続を行うことが求められます。）

　　また、所見欄には、その取組への評価や、実現可能性（及びその実現可能性を高めるための指導・助言）を記載してください。

(3)特例承継計画の変更

　　特例承継計画の確認を受けた後に、計画の内容に変更があった場合は、変更申請書（様式第24）を都道府県に提出し確認を受けることができます。変更申請書には、変更事項

を反映した計画を記載し、再度認定支援機関による指導及び助言を受けることが必要です。

> [注意点]
>
> ✓ **特例後継者が事業承継税制の適用を受けた後は、当該特例後継者を変更することはできません。** ただし、特例後継者を二人又は三人記載した場合であって、まだ株の贈与・相続を受けていない者がいる場合は、当該特例後継者に限って変更することが可能です。
>
> ✓ 特例後継者として特例承継計画に記載されていない者は、経営承継円滑化法の特例の認定を受けることはできません。
>
> ✓ 事業承継後5年間の事業計画を変更した場合（より詳細な計画を策定する場合を含む）も、計画の変更の手続きを行うことができます。特に、当初の特例承継計画においては具体的な経営計画が記載されてなかった場合は、認定支援機関の指導・助言を受けた上で、それを具体化するための計画の変更の手続を行うことが求められます。

4. 認定支援機関における事務②
——雇用減少の際の指導及び助言

　経営承継円滑化法の特例の認定を受けた中小企業者は、贈与・相続の申告期限から5年間、会社の状況について年1回、都道府県に年次報告書（様式第11）を提出する必要があります。年次報告書には、認定を受けた中小企業者が上場会社や風俗営業会社、資産保有型会社等になっていないことや、雇用する従業員の数を記載します。

　従来の制度では、認定を受けた中小企業者は、5年間で平均8割の雇用を維持することができなかった場合は認定取消となりました。一方、**特例の認定を受けた場合は、雇用が8割を下回った場合でも認定取消とはならない代わりに、その理由について都道府県に報告を行わなければなりません**（様式第27を使用してください。）。

　その報告に際し、**認定支援機関が、雇用が減少した理由について所見を記載するとともに、中小企業者が申告した雇用減少の理由が、経営悪化あるいは正当ではない理由によるものの場合は、経営の改善のための指導及び助言を行う必要があります。**

(1) 従業員数の確認と報告の概要

<u>贈与で認定を受けた場合の例</u>

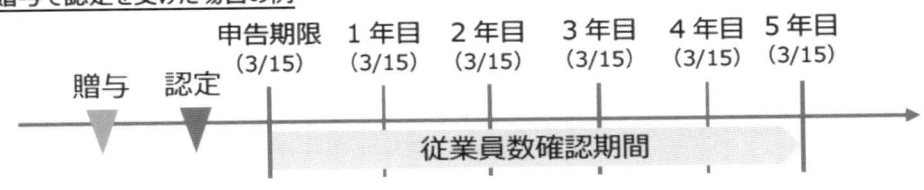

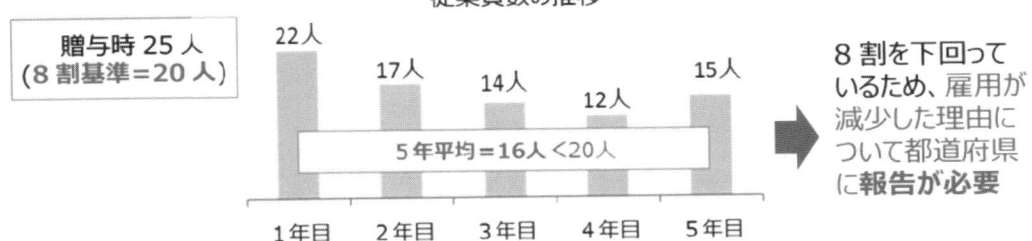

　報告書には… 認定支援機関による

　　　✓ **雇用が減少した理由に対する所見**
　　　✓ **経営改善のための指導及び助言**
　　　　（**雇用減少が経営悪化による場合等に限る**）

　　　　　　　　　　　　　　　　の記載が必要

(2) 実績報告書記載事項

1. 第一種（第二種）特例贈与認定中小企業者又は第一種（第二種）特例相続認定中小企業者について

雇用実績について報告を行う中小企業者の、認定の類型や認定年月日、雇用判定期間を確認するための認定の有効期間や報告基準日等について記載してください。

2. 従業員の数について

贈与の時（相続の開始の時）における従業員数とその 80%の数、各報告基準日における従業員の数と 5 年間の平均人数を記載してください。

年次報告の際と同様に、従業員数は会社における

① 厚生年金保険の被保険者の数、

② 厚生年金保険の被保険者ではなく健康保険の被保険者である従業員の数、

③ 厚生年金保険・健康保険のいずれの被保険者でもない従業員の数、

の合計から、

④ 役員（使用人兼務役員を除く。）の数

を引いた数です。

また、雇用判定の基準になる贈与（相続開始）時の従業員数の 80%の数については、小数点第一位以下の数字がある場合は切り捨てるものとします。

（例：贈与時の従業員数が 6 人の場合には 6 人×80%＝4.8 人ですが、小数点以下を切り捨て、4.0 人を基準とします。つまり、認定後従業員数が 5 年間平均で 4.0 人を下回った場合には、本報告書の提出が必要になります。）

3. 従業員数の 5 年間平均が贈与の時（相続の開始の時）の従業員の数の 8 割を下回った理由

雇用が減少した理由について、①～⑤の中から当てはまるものを選択してください。「④経営状況の悪化により、雇用を継続できなくなった」を選択した場合、又は「⑤その他」を選択し、その具体的な理由が認定支援機関として正当でないと判断する場合は、認定支援機関による「４．指導及び助言の内容」の記載が必要になります。

（別紙）認定経営革新等支援機関による所見等（認定支援機関が記載してください）

1. 認定経営革新等支援機関の名称等

報告者に指導及び助言を行った認定支援機関の名称等について記載してください。代表者欄に記入する氏名及び使用する印鑑は、当該認定支援機関における内部規

　　　定等により判断してください。

2.　所見を記載した年月日
　　　認定支援機関が所見（指導及び助言）について記載した年月日を記載してください。

3.　認定支援機関による所見
　　　平均雇用人数の5年間平均が8割を下回った理由について、その理由が事実であるかどうかを確認し、所見を記載してください。

【チェックポイント】
①　高齢化が進み後を引き継ぐ者を確保できなかった。を選択した場合
　　　…退職理由を確認し、雇用人数減少の主たる理由が高齢化による退職であることを確認してください。
②　採用活動を行ったが、人手不足から採用に至らなかった。を選択した場合
　　　…過去の求人状況（人材紹介会社やハローワーク等への求人状況や、自社広告等）を確認し、雇用人数減少の主たる理由が採用に至らなかったためであることを確認してください。
③　設備投資等、生産性が向上したため人手が不要となった。を選択した場合
　　　…設備投資等の状況を確認し、雇用人数減少の主たる理由が生産性向上によるものであることを確認してください。
④　経営状況の悪化により、雇用を継続できなくなった。を選択した場合
　　　…経営状況が悪化した理由について確認してください。そのうえで「4　指導及び助言の内容」欄を記載してください。
⑤　その他（具体的に理由を記載）。を選択した場合
　　　…雇用人数減少の主たる理由が当該具体的な理由であるかどうかを確認してください。その具体的な理由が認定支援機関として正当でないと判断する場合には、「4　指導及び助言の内容」欄に記載が必要です。

4.　指導及び助言の内容
　（この欄は、「3　平均雇用人数の5年間平均が贈与の時の従業員の数の8割を下回った理由」において、「④経営状況の悪化により、雇用を継続できなくなった」を選択した場合、又は「⑤その他」を選択し、その具体的な理由が認定支援機関として正当でないと判断する場合に記載が必要です。）
　「3．認定支援機関による所見」も踏まえ、その会社の経営改善のための指導及び助言を行い、その内容について記載してください。

【チェックポイント】

当該中小企業者が事業を継続していくための指導及び助言を行ってください。

また、「⑤その他」を選択し、その具体的な理由が認定支援機関として正当でないと判断する場合には、その正当でないと判断する理由を記載し、当該中小企業者が事業を継続していくための指導・助言を行ってください。

| 著　者 | 吉村　一成
（よしむら かずなり） |

昭和59年　● 同志社大学商学部卒業
平成24年　● 大阪国税局を辞職
現　　在　● 税理士・不動産鑑定士・１級FP技能士・
　　　　　　宅地建物取引士
　　　　　　芦屋大学客員教授
　　　　　　㈳大阪府不動産コンサルティング協会理事

【著書】
・広大地評価はこう変わる（清文社　著）
・不動産評価の実践手法（実務出版　共著）
・広大地判定マニュアル（レガシー　著）
・レベル別に見る厳選土地評価マニュアル（レガシー　著）

| 協　力 | 間宮　英明
（まみや ひであき） |

昭和63年　● 関西学院大学経済学部卒業
平成25年　● 有限責任あずさ監査法人退社
平成26年　● 間宮英明公認会計士事務所開設
平成30年　● 税理士法人にっぽん合同会計設立
現　　在　● 税理士・公認会計士

| 協　力 | 菊池　幸夫
（きくち ゆきお） |

平成12年　● 信州大学経済学部経済学科卒業
平成19年　● 大原簿記専門学校（相続税法担当講師）退社
平成24年　● 税理士登録
現　　在　● 税理士

特例事業承継税制対応
税理士のための取引相場のない株式の評価と対策

2018年11月9日　発行

著　者　　吉村　一成　ⓒ

発行者　　小泉　定裕

発行所　　株式会社　清文社

東京都千代田区内神田1－6－6　（MIFビル）
〒101-0047　電話03（6273）7946　FAX03（3518）0299
大阪市北区天神橋2丁目北2－6　（大和南森町ビル）
〒530-0041　電話06（6135）4050　FAX06（6135）4059
URL http://www.skattsei.co.jp/

印刷：大村印刷

ISBN978-4-433-62498-9

後継者選びに迷ったときに読む
事業承継 実践ガイドブック

公認会計士・税理士　神門　剛　監修
みつきコンサルティング株式会社　著

事業承継の基本や、実務の考え方について「親族内承継」、「社内承継」、「第三者承継（M&A）」の3つの選択肢を挙げ、それぞれの承継方法や承継金額、その他のポイント等をわかりやすく解説。
■A5判212頁／定価：本体 2,000円＋税

速報版
税理士が押さえておきたい　民法相続編の改正

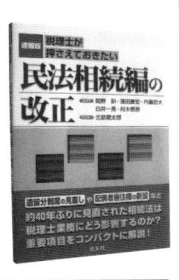

税理士　岡野　訓・濱田康宏・内藤忠大・白井一馬・村木慎吾／司法書士　北詰健太郎　著

遺留分制度の見直しや配偶者居住権の新設など約40年ぶりに見直された民法（相続法）について、税理士業務にどう影響するのかという視点で解説。
■A5判160頁／定価：本体 1,800円＋税

条文から読み解く
民法［相続法制］
改正点と実務への影響

弁護士　米倉裕樹　著

法制審議会で約3年に及ぶ議論を経て成立した民法「相続法制」について、法制審議会での議事録、参考資料等を参考に、改正新条文に即して実務的な観点から内容面を解説。
■A5判208頁／定価：本体 2,200円＋税

平成30年9月改訂　タイムリミットで考える
相続税対策実践ハンドブック

税理士　山本和義　著

生前対策から申告期限後3年までの4つのタイムリミットごとに打つべき手を具体事例やシミュレーションを駆使して解説。
■A5判604頁／定価：本体 3,400円＋税

平成30年1月1日以後適用
広大地評価はこう変わる
「地積規模の大きな宅地の評価」の新実務

税理士・不動産鑑定士　吉村一成　著

広大地評価通達について、過去及び今次に至るまでの通達改正の変遷を整理し、その評価実務の要諦を押さえた上で、新通達の内容、適用関係、改正の影響及び実務上の留意事項について詳しく解説。
■B5判200頁／定価：本体 2,000円＋税